Rudolf Seitz
und das Münchner Team

Kinderatelier
Malen, Zeichnen, Drucken, Bauen

Das Münchner Team

Ulrike Berger
Silvia Biener
Maria Caiati
Svetlana Delac
Dörthe Eich
Trixi Haberlander
Angelica Hagenstein
Gudrun Hartmann
Gudrun Hörner
Brigitte Hofstetter
Marielle Huber
Marie-Louise Siebert
Veronika Siegert
Barbara Wolffhardt
Eva Wolski

Rudolf Seitz
und das Münchner Team

Kinderatelier

Malen, Zeichnen, Drucken, Bauen

Textbearbeitung von Marielle Huber
Illustrationen von Rudolf Seitz

Otto Maier Ravensburg

Ein weiteres Buch des Autors:

Rudolf Seitz / Trixi Haberlander (Hrsg.)
Schule der Phantasie
Kinder bauen, basteln, experimentieren und erfinden mit verschiedenen Werkmaterialien ganz neue Kunstobjekte.
ISBN 3-473-41098-5

© 1986 Ravensburger Buchverlag Otto Maier GmbH
Gesamtgestaltung: Peter Schranner, München
Fotos: Das Münchner Team, Volkmar Dinkel
und Peter Schranner
Umschlaggestaltung und Titelfoto: Peter Schranner
Die Arbeiten von Barbara Wolffhardt fanden im
Münchner Stadtmuseum (Kinder-aktiv-Museum) statt.
Redaktion: Gisela Walter
Printed in Germany
ISBN 3-473-41099-3

Kinderatelier – das ist ein großes Wort. Aber ist es wirklich übertrieben, wenn man sieht, wie großartig Kinder zeichnen und malen können, was sie voll Elan und Begeisterung in ihren Bildern schildern und erzählen, wie sie mit Spontaneität und Mut komponieren und experimentieren! Wir sind sicher, daß die Kinder in ihrer unverdorbenen Kreativität noch zu ganz anderen und vielfältigen Aussagen fähig wären, wenn wir Erwachsenen sie dazu mehr anregen würden. Das heißt nicht, daß wir die Kinder mehr führen oder anleiten sollten. Was den Reichtum der Fantasie anbelangt, sind wir Erwachsenen oft den Kindern unterlegen. Wir könnten und sollten deshalb von ihnen lernen.

Dieses Buch enthält viele Anregungen, die an Kinder weitergegeben werden könnten. Es wendet sich an interessierte Eltern, an Erzieherinnen, Lehrer und Sozialpädagogen.

Am schönsten wäre es, wenn eine Technik mit den Kindern zusammen neu entwickelt werden könnte und so zu vielen Experimenten und neuen Ideen anregt.

Alles ist in der Praxis erprobt und mit Kindern durchgeführt worden. Das zeigen auch die Fotos. Dabei sollte aber nicht vergessen werden, daß diese Beispiele eben nur Beispiele sind; es können auch ganz andere Themen und Inhalte gestaltet werden.

Wir haben uns in diesem Buch mit dem Papier, mit den Farben, dem Umgang mit Farben, mit Experimentier- und Drucktechniken und einigen Möglichkeiten des dreidimensionalen Gestaltens beschäftigt. Es wurde verfaßt von einem Team von Erzieherinnen und Lehrerinnen aus Grund- und Sonderschulen in München, das sich schon viele Jahre mit der ästhetischen Erziehung intensiv beschäftigt.

Für diese Zusammenarbeit und für die Mitarbeit an diesem Buch bedanke ich mich sehr. Ich habe dabei auch sehr viel gelernt. Besonderer Dank gilt den Kindern, die mit viel Spaß und Einsatz mitgemacht haben.

Besonders herzlich möchte ich mich auch bei Marielle Huber bedanken, die mit bewunderungswürdiger Ausdauer und Geduld die Textredaktion übernommen hat. Ohne sie wäre das Buch in der Form nicht zustande gekommen.

München 1985

Rudolf Seitz

Inhalt

Vorwort

🟨 Farben

10 Farben
12 Selbstgemachte Farben
14 Farben aus Erde
16 Farbpigmente und Binder

🟨 Mischen und Auftragen

20 Farbe spritzen
22 Kleister und Sand
24 Farbe pusten
26 Klecksbilder
28 Wachstropfenbilder
30 Farbe spachteln
32 Malen mit Kugeln

🟧 Farbmaterialien

36 Malen mit Aquarellfarben
40 Malen mit Fingerfarben
42 Wachsmalkreiden
44 Zuckerkreide
46 Tusche
48 Beize als Farbe
50 Filzstifte und Löschstift
52 Buntstifte
54 Graphit und Kohle
56 Dispersionsfarben
58 Farbeffekte mit Glühlampenlack

🟪 Experimente

62 Papierherstellung
64 Kleisterpapiere
66 Marmoriertes Papier
68 Absprengtechnik
70 Sgraffito
72 Papiercollagen
74 Hinterglasbilder
76 Übermalungen
78 Faltschnitt

■ Drucken

- 82 Drucken
- 84 Monotypie auf Glas
- 86 Stempeldruck
- 88 Hand-, Fuß-, Finger-, Nasendruck
- 90 Schnurdruck
- 92 Schablonendruck
- 94 Kartondruck
- 96 Materialdruck
- 98 Styropordruck
- 100 Nitrofrottage
- 102 Bleistiftfrottage
- 114 Sägemehlteig
- 116 Arbeiten mit Ton
- 120 Arbeiten mit Gipsbinden
- 122 Styropor
- 124 Gestalten mit Schachteln
- 126 Gestalten mit Wegwerfsachen
- 128 Gestalten mit Abfallholz
- 130 Maschendraht
- 132 Papierstreifen
- 134 Ytongsteine
- 136 Weitere Literatur

■ Dreidimensionales Gestalten

- 106 Pappmaché
- 108 Herstellen von Plastilin
- 110 Salzteig
- 112 Wachsgießen

Farben

Farben

10	Farben	Angelica Hagenstein
		Barbara Wolffhardt
12	Selbstgemachte Farben	Veronika Siegert
14	Farben aus Erde	Dörthe Eich
16	Farbpigmente und Binder	Brigitte Hofstetter

Farbenzauberei

Mit Farben kann man zaubern! Durch den Versuch, verschiedene Farben zu mischen, entstehen unzählige »neue« Farbtöne. Das ist für Kinder ein spannendes Erlebnis, wenn sie durch das Mischen von zwei Farben eine neue, dritte Farbe erhalten. Schon bald stellen sie fest, daß man nur auf wenige Farben im Malkasten angewiesen ist.

Material

Wasserfarben (Malpucks)
in den Farben Rot, Gelb, Blau, Weiß, Schwarz
Pinsel

Papier
Wasserglas
Zeitungspapier als Unterlage
Mallappen

Farbtöne mischen

Man braucht auf jeden Fall: Gelb, Rot, Blau. Diese Farben lassen sich durch keinen Trick der Welt mischen. Man nennt sie Grund- oder Primärfarben. Aus ihnen kann man alle anderen Farbtöne mischen. Sehr anschaulich ist es für die Kinder, wenn man zum Beispiel ein wenig rote und blaue Farbe in ein Glas mit Wasser gibt und dann die zwei Grundfarben ineinanderschüttet. Staunend kann man beobachten, daß sich die beiden Farben mischen und eine neue Farbe, nämlich Violett, entsteht. Den gleichen Versuch kann man auch mit den anderen Grundfarben machen. Dabei ergeben die Farben Gelb und Blau ein Grün, und aus Gelb und Rot können wir ein schönes Orange mischen.
Violett, Grün, Orange nennt man Misch- oder Sekundärfarben.
Um Farben trüber oder dunkler zu machen, vermischen wir sie mit Schwarz.
Wollen wir helle, pastellige Farben herstellen, brauchen wir dazu Weiß.

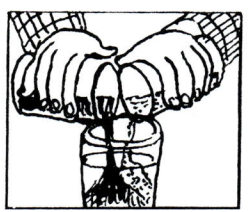

Rot und Blau in je ein Glas Wasser geben, dann rotes und blaues Wasser zusammenschütten

Eine neue Farbe entsteht: Violett

Malpaletten aus Kunststoff
Farben mischen

Farben

Barbara Wolffhardt, Angelica Hagenstein

Malpaletten

Es gibt für Kinder Malpaletten aus Kunststoff mit Vertiefungen. Diese eignen sich recht gut zum Mischen. Auch einen alten, weißen Porzellanteller kann man als Palette verwenden.

Farben selbst zu mischen, erweitert die Palette, und man stellt fest, daß Rot nicht gleich Rot ist. Kinder können entdecken, daß es verschiedene Arten von Rot gibt, zum Beispiel Erdbeerrot, Ziegelrot, Feuerrot, Lachsrot, Rostrot, Kirschrot …

Lustige Farbenspiele

Farben drücken auch Stimmungen aus, das kann zu lustigen Spielen anregen.

Kinder haben großen Spaß daran, wenn man ihnen verschiedenfarbige Tonpapierstreifen gibt und sie zum Beispiel alle Farben aussuchen läßt, die lustig sind oder traurig oder laut oder leise oder hell oder dunkel …

Man kann auch die Farben auswählen, die der momentanen eigenen Stimmung entsprechen. Oder wir suchen Farben zum sonnigen Wetter oder zum Regentag aus.

Was soll ich malen?

Ich bin heute gut aufgelegt und trage ein Kleid mit vielen lustigen Farben.
Meine Lieblingsfarbe leuchtet, alle anderen Farben sind trüb.

Ein bunter Vogel fliegt am Regenhimmel.
Rot und Blau gehen spazieren.

Farbtöpfe der Natur

Früher stellten die Künstler ihre Farben selbst her. Sie verwendeten dazu häufig Pflanzen. Diese Rezepte wurden meist geheimgehalten und nur vom Meister an den Schüler weitergegeben.

Die Kinder können auch eigene Pflanzenfarbenrezepte erfinden. Schöne »natürliche« Farben erhält man, wenn man zum Beispiel mit dem Sud von Kräutertees oder Obst- und Gemüsesäften malt.

Material

Verschiedene Teesorten
färbende Pflanzen

Gefäße zum Kochen
Gläser mit Schraubdeckel

Naturfarben

Besonders gut eignen sich folgende Pflanzen:
Gelb: Kamillentee, Möhrenkraut, braune Zwiebelschalen, Birkenblätter
Rot: Rote Rüben, Malventee, rote Zwiebelschalen, roter Johannisbeersaft, Kirschsaft, Mohrrüben, Maulbeeren
Blau: Heidelbeere, Holunder
Blauviolett: Schwarze Johannisbeere, Rotkraut, Brombeeren
Grün: Spinat, Klee, Salbeitee
Braun bis Schwarz: Sud aus Walnußblättern, schwarzer Tee, Kaffee.

Farben herstellen

Bei der Herstellung von Pflanzenfarben ist wichtig, daß man einen kräftigen Farbsud herstellt. Dazu muß man die Pflanzen lange in wenig Wasser kochen lassen. Nach dem Abkühlen wird der Farbsud durch ein feines Sieb oder einen Leinenlappen in ein sauberes Gefäß gegossen. Kräuterteereste kann man einkochen oder in Gläsern eindicken lassen.

Pflanzen mit wenig Wasser kochen

Farbsud durch ein Sieb gießen

Selbstgemachte Farben

Veronika Siegert

Malen

Pflanzenfarben ergeben sehr zarte, harmonische Farbtöne. Am besten vermalt man sie mit einem dicken, weichen Haarpinsel.

Sehr reizvolle Bilder entstehen, wenn man feine, schwarze Federzeichnungen mit den Pflanzenfarben koloriert.

Erdgeister

Erde muß nicht immer braun sein! Je nach der Beschaffenheit des Bodens finden wir gelbe, rote, graue, grüne, braune, schwarze Erde. Wer Lust daran hat, auf Spaziergängen verschiedene Erden zu sammeln, der wird über die vielen Erdfarben staunen.

Material

verschiedenfarbige feine Erde	Tapetenkleister
Mörser	Gläser mit Schraubdeckel
Wasser	

Farben herstellen

Wenn man einen Mörser besitzt, kann man die Erde fein zerstampfen und dann mit wenig Wasser mischen, bis ein dicker Brei entsteht. Diesen läßt man am besten über Nacht stehen und vermischt ihn dann mit einem Bindemittel. Dazu eignet sich ein selbst angerührter Tapetenkleister recht gut.
Die Farben können in alten Marmeladegläsern mit gut schließendem Deckel einige Wochen aufbewahrt werden.

Erde im Mörser zerstampfen

Malen

Erdfarben werden mit einem dicken Borstenpinsel oder mit den Fingern vermalt.

Erde mit Wasser und Bindemittel vermengen ▶

Farben aus Erde

Dörthe Eich

Bindemittel

Man kann die Erdfarben auch mit anderen Bindemitteln vermischen, zum Beispiel Caparol, Leinöl oder Mehlpapp.

Farbenküche

Als die Maler früher ihre Farben selbst anrührten, zerrieben sie Farbpigmente im Mörser und vermischten diese mit Eiweiß oder Öl. Auch heute kann man Farben auf diese Weise selbst herstellen. Man braucht dazu Farbpigmente, die es pulverisiert im Farbengeschäft zu kaufen gibt.

Material

verschiedenfarbige Pigmente
Plastikbecher
Plastiklöffel

Bindemittel, z. B.
Tapetenkleister, Eier,
Gummiarabikum, Caparol

Farbbrei

Man gibt einige Löffel Farbpigment in ein Plastikschälchen und rührt wenig Wasser dazu, bis ein dicker Brei entsteht. So lange rühren, bis alle Klumpen verschwunden sind.
Mit diesem leuchtend bunten Farbbrei kann man zwar malen, aber die Farbschicht löst sich nach dem Trocknen wieder vom Papier. Deshalb verwendet man ein Bindemittel.

Farbpigment anrühren

Bindemittel

Der breiig angerührte Tapetenkleister wird als Bindemittel daruntergemischt. Dies geschieht im Verhältnis 1:1 mit der eingesumpften Farbe. Nun erprobt man die Farbe auf ihre Wischfestigkeit. Man streicht sie auf einen Bogen Papier. Nach dem Trocknen kann man sehen, ob noch etwas Kleister hinzugefügt werden muß. Bei Farben, die sich nicht gut in Wasser auflösen, gibt man einen Schuß Spiritus hinzu.
Man kann als Binder auch Caparol verwenden.

Farbpigmente und Binder

Brigitte Hofstetter

Experimente mit Farben

Spannend ist es für die Kinder, Eiweißfarben selbst herzustellen. Die Farben werden zuerst mit Wasser angerührt, dann gibt man ein Eidotter dazu. Die Farben lassen sich gut vermalen, haben aber einen leichten Gelbstich.
Den gleichen Versuch kann man auch mit reinem Eiweiß durchführen. Man kann auch mit Gummiarabikum experimentieren, das zuerst in Wasser aufgelöst werden muß.

Eigelb als Bindemittel unterrühren

Rezeptbuch

Für Kinder ist es interessant, diese Experimente selbst durchzuführen. Die Ergebnisse können sie in ein Heft eintragen, dann haben sie ein schönes Farben-Rezeptbuch.

Mischen und Auftragen

Mischen und Auftragen

20	Farbe spritzen	Brigitte Hofstetter
22	Kleister und Sand	Gudrun Hörner
24	Farbe pusten	Maria Caiati
26	Klecksbilder	Ulrike Berger
28	Wachstropfenbilder	Maria Caiati
30	Farbe spachteln	Brigitte Hofstetter
32	Malen mit Kugeln	Maria Caiati

Das große Feuerwerk

Großen Spaß macht es, die Farbe mit dem Pinsel und viel Schwung auf das Papier zu spritzen. Am besten eignen sich dazu Wasserfarben.

Man kann auf verschiedenfarbigem, auf saugfähigem oder glattem Papier arbeiten. Die Farbe, auf nasses Papier gespritzt, erzeugt wieder andere Effekte.

Material

Wasserfarben	kleine Plastikflaschen
dicke Pinsel	Plastiktüten
Einwegspritzen (ohne Nadeln)	große Bögen Papier

Farbspritzen

Zum Farbspritzen kann man die Farben in Einwegspritzen ohne Nadeln füllen. Auch leere Shampoo- oder Spülmittelflaschen und »Plastikzitronen« eignen sich gut dazu.

Wenn man flüssige Farben in Plastiktütchen füllt und in die Tüte anschließend kleine Löcher sticht, kann man auch damit die auslaufende Farbe aufs Papier tropfen.

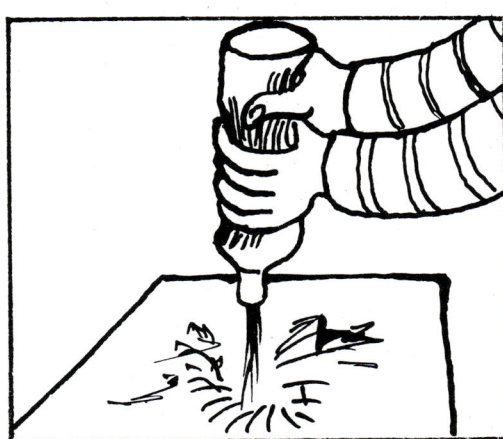

Plastikflasche als Farbspritze

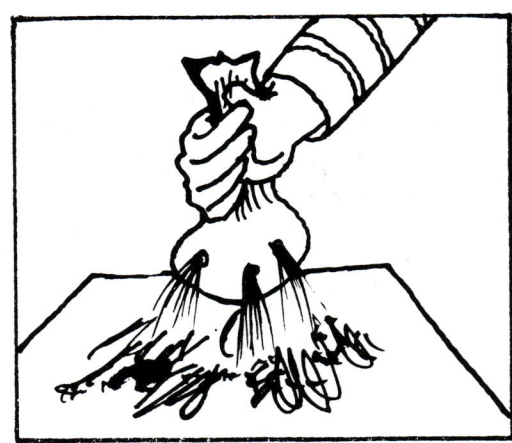

Durchlöcherte Plastiktüte wird mit Wasserfarbe gefüllt

Draußen ist es am besten

Auf schwarze Papierbögen gespritzte Farben werden in der Gemeinschaftsarbeit zu einem großartigen Feuerwerkbild.
Am besten arbeitet man im Freien, denn natürlich sind die Kinder bei dieser Technik begeistert bei der Sache, und »farbige Überschwemmungen« sind gar nicht zu vermeiden.

Farbe spritzen

Brigitte Hofstetter

Große Meister

Interessant ist es, mit den Kindern einmal Bilder des Künstlers Jackson Pollock anzusehen oder die Fotos, die ihn während der Arbeit zeigen. Dieser tachistische Maler hat die Farbe durch Aufspritzen und Tropfen auf riesige Formate aufgetragen.

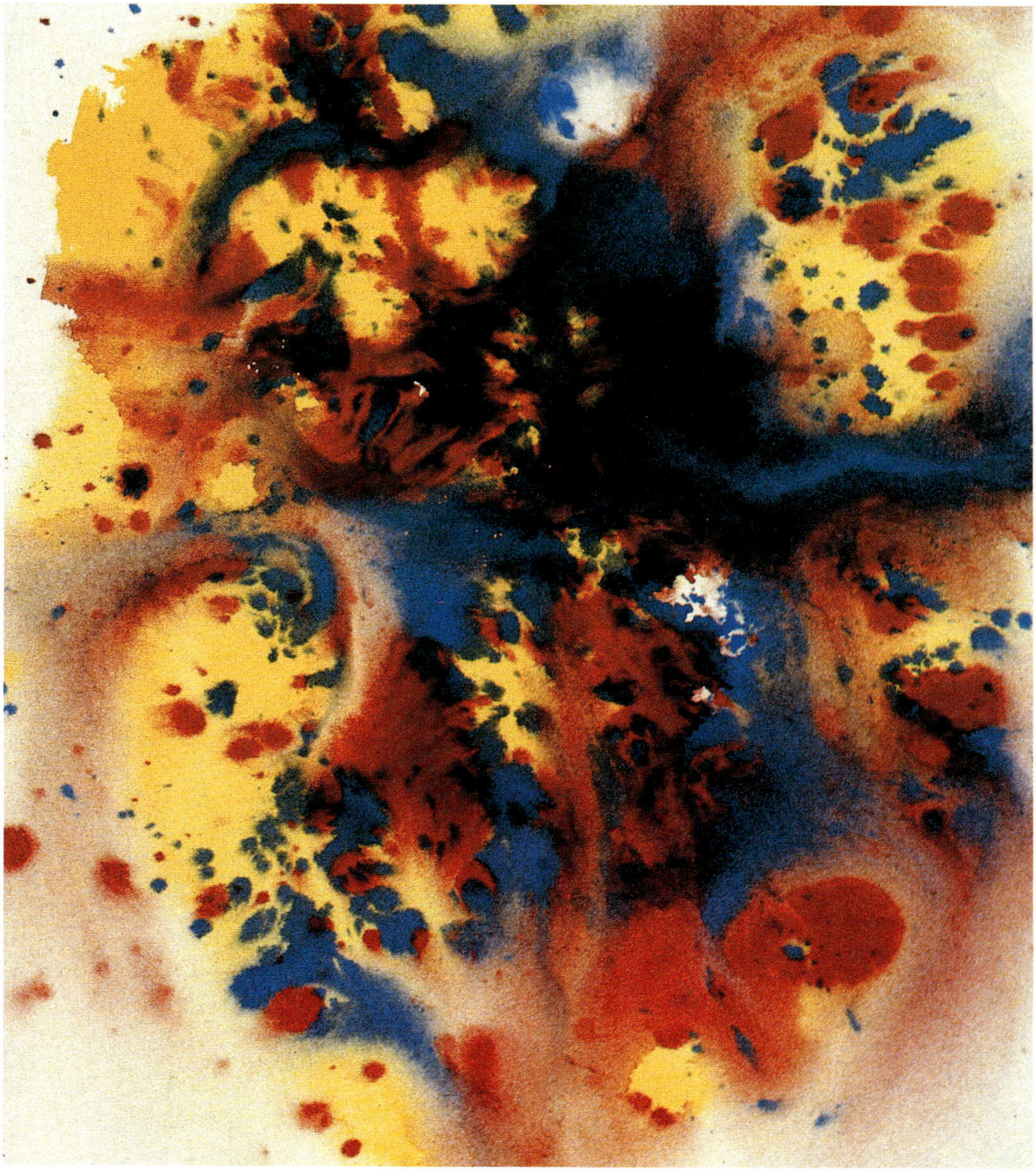

Sandmännchen malt mit

Kleisterbilder stecken voller Überraschungen. Auch kleine Kinder können mit dieser Technik schöne Bilder gestalten.

Material

Sand (fein gesiebt oder grob)
Tapetenkleister

Packpapier
Spritzfläschchen aus weichem Plastik

Vorbereitung

Man rührt Tapetenkleister dünnflüssig an und füllt ihn in kleine Plastikfläschchen. Ein Tip: Mit einem kleinen Trichter die Fläschchen auffüllen!

Mit Kleister und Sand

Der Tapetenkleister wird auf große Papierbögen gespritzt. Man kann auch schöne Muster oder Figuren aufs Papier bringen. Anschließend wird das ganze Blatt mit Sand bestreut.
Man kann verschiedenkörnigen Sand (fein oder grob) verwenden. Einen besonderen Effekt gibt es auch, wenn man feinen Sand mit Erdfarben mischt.
Wenn Sand und Kleister etwas angetrocknet und festgeklebt sind, wird der restliche Sand vorsichtig vom Papier abgeschüttelt. Zurück bleibt die Kleister-Sand-Spur und damit ein Bild, das man nach dem Trocknen nicht nur mit den Augen bestaunen, sondern auch vorsichtig mit den Fingern abtasten kann.
Kleisterarbeiten führt man am besten im Freien durch. Wenn man in der Wohnung arbeitet, ist es zweckmäßig, den Tisch mit Zeitungen oder Plastikfolie abzudecken.

Tapetenkleister in Spritzflaschen umfüllen

Kleisterspur mit Sand bestreuen

Kleister und Sand

Gudrun Hörner

Glitzernde Glimmerbilder

Sehr reizvoll ist es, wenn man den feinen Sand mit Glimmer mischt. Man kann ihn in Farbengeschäften kaufen und bekommt ihn in Pulverform und verschiedenen Farben. Glitzernde Weihnachtskarten kann man herstellen, wenn man nur den Glimmer aufstreut. Man benutzt als Kleber am besten transparenten Papierklebstoff aus der Tube oder Flasche.

Pustekunst

Ein Farbklecks, der versehentlich auf das Papier getropft ist – das ist gar nicht schlimm! Daraus kann gleich ein schönes Bild entstehen, ein Pustebild. Um so mehr macht es Spaß, absichtlich Farbkleckse aufs Papier zu setzen.

Material

Papier in verschiedenen Größen und Farben
dicke Pinsel oder Pipetten

Wasserfarbe, Tusche oder Tinte
Schälchen
Strohhalme

So wird's gemacht

Mit dem Pinsel oder der Pipette wird verdünnte Wasserfarbe, Tusche oder Tinte auf das Papier getropft.
Die noch flüssigen Farbtropfen werden nun auseinandergepustet. Praktisch ist es auch, die Farbe mit einem Strohhalm zu verblasen. Man kann den Strohhalm verkürzen, dann ist es für kleine Kinder einfacher.

Farbe auf Papier tupfen

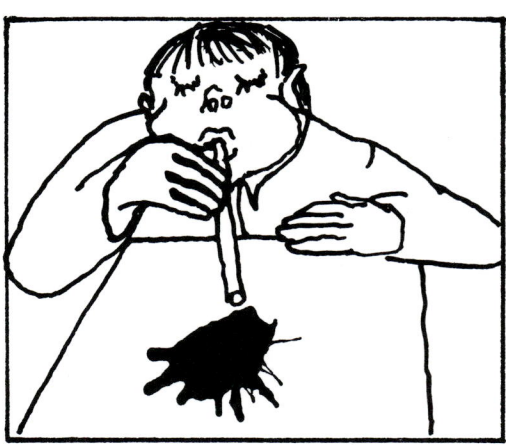

Farbtropfen auseinanderblasen

Fantasiebilder

Durch das Auseinanderpusten der Farbtropfen entstehen merkwürdige Gebilde mit vielen Verästelungen. Man kann darin Bäume, Sträucher, Blumen, Gespenster, Figuren, Tiere, ein Feuerwerk und vieles andere entdecken.

Die gekleckst en Bilder regen zu vielen Motiven an.
Man kann mit dem Pinsel weitermalen oder mit Feder und Tusche nachträglich auf das Bild zeichnen.

Farbe pusten

Maria Caiati

Collagen

Eine weitere Möglichkeit, das Pustebild auszugestalten, ist die: Man klebt verschiedene Materialien, zum Beispiel Pailletten, Buntpapier und Metallfolienschnipsel, kleine Laubblätter, getrocknete Beeren ins Bild.

Mit Gold und Silber

Gold- oder Silberfarben, auf buntem oder schwarzem Tonpapier angewendet, ergeben sehr kostbar wirkende kleine Kunstwerke. Man kann daraus zum Beispiel festliche Weihnachtskarten basteln.

Meister Kleckser

Auf Klecksbildern kann man immer wieder Neues entdecken. Der eine sieht im Bild eine Traumlandschaft, der andere ein wildes Tier oder eine Wunderblume...

Material

wasserlösliche Farben, Tinte, Tusche, verschiedene Papiere, Pinsel

Mit Farben klecksen

Klecksbilder sind ein Kinderspiel! Man braucht dazu dünnflüssige Farben und dicke Haar- oder Borstenpinsel. Der Pinsel muß so mit Farbe vollgesaugt sein, daß die Farbe gut vom Pinsel tropft.
Beim Aufspritzen der Farbe hält man den Pinsel locker am Stilende in einer Hand und schlägt mit der anderen Hand leicht auf den Pinsel, dadurch spritzt die Farbe in kleinen und großen Klecksen aufs Blatt.

Symmetrisches Bild

Man kann auch ein Blatt Papier in der Mitte falten und nur eine Hälfte beklecksen. Das Papier wird dann zusammengedrückt und wieder auseinandergefaltet. So erhält man ein symmetrisches Bild. Diese Technik kann etwas ängstlichen Kindern wieder Mut machen, zum Pinsel zu greifen.

Schlierenmuster

Wenn man ein zweites Blatt Papier auf das gekleckste, noch feuchte Bild legt und mit dem Handballen darüberpreßt, entsteht ein Bild mit vielen reizvollen Schlierenmustern. Die Schlierenmuster können zum Über- und Weitermalen anregen.

Farbe auf nasses Papier spritzen

Papier zusammenlegen und pressen

Klecksbilder

Ulrike Berger

Große Meister

Der Künstler Max Ernst hat mit dieser Technik seine schönsten surrealistischen Bilder gemalt. Er hat diese Technik Dekalkomanie genannt. Auch wenn das sehr geheimnisvoll klingt, es ist die gleiche Technik wie unsere Klatsch- oder Klecksbilder.
Mit den Kindern eines seiner Bilder zu betrachten, ist sehr spannend.

Weitere Experimente

Man kann auch versuchen, auf verschiedenen Papiersorten zu klecksen. Auf glatten, glänzenden Papieren haben wir ganz andere Effekte als auf saugfähigen Papieren. Auch auf einem nassen Blatt Papier können Klecksbilder gemacht werden. Es ist aufregend zu beobachten, wie sich ein Farbfleck ausbreitet und verästelt. Die Farben verlaufen ineinander, mischen sich, und es entstehen viele neue Farbtöne.

Fantasiebilder

Mit der Kleckstechnik können die Kinder sich viele fantastische Themen gestalten, zum Beispiel:
Schmetterling
Zauberwesen
Irrgarten
Wunderblume
fantastischer Urwald

Pünkelchen war da

Material

Kerzen
Papier
Farb- oder Filzstifte

Punkte tropfen

Wenn man eine brennende Kerze vorsichtig schräg hält, tropft flüssiges Wachs auf das Papier. Die Kerze muß lang genug sein, damit die Kinder sich nicht daran verbrennen. Wenn man bunte Kerzen nimmt, kann man verschiedenfarbige Punkte tropfen.

Weitermalen

Ein Wachstropfenbild regt zum Weitermalen an. Es können Käfer, Sonnen, Sterne, Gesichter, Blumen, Äpfel, verschiedene Muster und Labyrinthe entstehen.

Wachs auf Papier tropfen lassen

Punktspiele

Die kleinen Kinder lieben besonders dieses Spiel: Sie umranden die Punkte und verbinden sie durch Zickzackstriche oder Bögen. Das ist eine spielerische Vorübung zum Schreiben. Auf großen Papierbögen kann man auch nach dem Rhythmus von Musik von einem Punkt zum anderen »tanzen«.

Mit Farbe weitermalen

Wachstropfenbilder

Maria Caiati

Hier ist dick aufgetragen

Material

dickflüssige Farben (Finger-, Plaka-, Dispersionsfarben)	Eislöffel
	Plastikteigschaber
Spachtel	festes Papier

Farben auftragen

Die Farben müssen nicht immer mit dem Pinsel aufgemalt werden. Man kann sie auch mit Hilfe von Spachteln auftragen.
Das Papier muß dabei ziemlich fest sein. Am besten nimmt man Packpapier oder Karton. Die Farben werden in kleine Schälchen oder Joghurtbecher gefüllt und mit verschiedenen Spachteln auf das Papier aufgetragen. Man kann die Farbe dünn oder dick aufspachteln und auch mehrere Farben übereinanderschichten. Das Trocknen dauert bei den dick gespachtelten Bildern einige Tage.

Verschiedene Spachteln

Farbe mit der Spachtel auftragen

Wie heißt das Bild?

Es ist für die Kinder sehr anregend, wenn sie die Spachtelbilder gemeinsam betrachten und für jedes Bild einen Titel erfinden.

Farbe spachteln

Brigitte Hofstetter

Es klickert und klackert

Wohin der Schusser rollt, hinterläßt er eine Farbspur!

Material

**Glasmurmeln oder andere Kugeln
Unterlage mit Rand, z. B. Schuhkartondeckel**

**Fingerfarben oder Plakafarben
Papier in der Größe des Kartons**

Einfärben

Wir tauchen die Kugeln in ein Schälchen mit flüssiger Farbe und legen das Papier in den Deckel einer Schachtel. Schon kann es losgehen.

Malen

Die eingefärbte Kugel legt man auf das Papier in den Deckel und hält diesen in beiden Händen. Nun versucht man, die Kugel von einer Ecke in die andere rollen zu lassen. Dabei entsteht eine farbige Spur. Wenn an der Kugel keine Farbe mehr haftet, wird sie wieder kurz in das Farbbad gelegt und ist erneut startbereit. Natürlich können auch mehrere Kugeln zur gleichen Zeit auf dem Papier rollen.

Glaskugeln in ein Farbbad tauchen

Kugelspiele

Etwas schwieriger ist es, die Kugel mit vorsichtigen Bewegungen zu lenken, um bestimmte Spuren zu hinterlassen. Einen Kreis zu rollen, ist gar nicht so leicht.
Wenn der Schachteldeckel größer ist, können mehrere Kinder gemeinsam solch ein Bild herstellen. Dabei muß man sich gut auf den anderen einstellen.

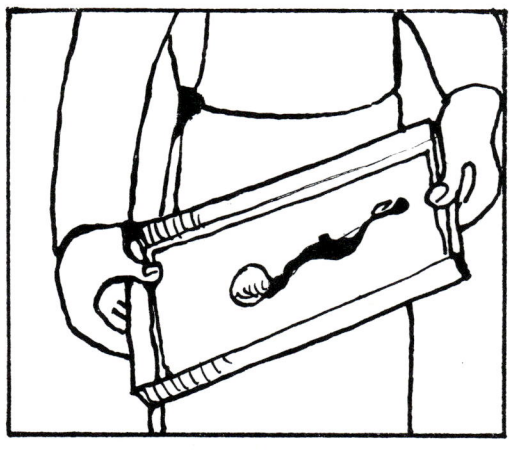

Eingefärbte Kugel auf Papier hin und herrollen

Malen mit Kugeln

Maria Caiati

Weitermalen

Ist das Blatt getrocknet, so kann man mit Filzstiften, Wachsmalkreiden, Kohle usw. weitermalen oder etwas dazukleben.

Farbmaterialien

Farbmaterialien

36	Malen mit Aquarellfarben	Barbara Wolffhardt
40	Malen mit Fingerfarben	Ulrike Berger
42	Wachsmalkreiden	Gudrun Hartmann
44	Zuckerkreide	Maria Caiati
46	Tusche	Marielle Huber
48	Beize als Farbe	Trixi Haberlander
50	Filzstifte und Löschstift	Svetlana Delač
52	Buntstifte	Svetlana Delač
54	Graphit und Kohle	Marielle Huber
56	Dispersionsfarben	Silvia Biener
58	Farbeffekte mit Glühlampenlack	Veronika Siegert

Wasser-nixen malen

Auch kleine Kinder können schon herrliche, farbenprächtige Aquarelle malen. Es ist ein Erlebnis zu beobachten, wie sich die Farbe auf dem nassen Papier ausdehnt, verästelt und mit den anderen Farben vermischt.

Material

weißes, saugfähiges Zeichenpapier, z.B. die dicken, billigen Kindermalblöcke für Fortgeschrittene Aquarellpapier dicke Haar- und Borstenpinsel

Haushaltsschwämmchen Farbpucks oder Malkastenfarben weißbeschichtete Preßspanplatte als Malunterlage

Farben verdünnen

Für Kinder eignen sich besonders die Stockmar-Aquarellfarben in den 3 Grundfarben Gelb, Rot, Blau. Das sind dickflüssige Farben, die man im Verhältnis 1:3 oder 1:4 mit Wasser vermischt. Je mehr Wasser man dazugibt, desto heller und zarter wird der Farbton. In einem Schraubglas lassen sich die Farben monatelang aufbewahren. Ein praktischer Tip: die Farbgläser und das Wasserglas in einen Schuhkarton stellen! Wenn dann einmal ein Farbglas umkippt, ist das Unglück nicht groß. Bevor man mit dem Malen beginnen kann, müssen einige Vorbereitungen getroffen werden.

Malunterlage

Vom Schreiner kann man sich eine weißbeschichtete Preßspanplatte besorgen, das ist ein hervorragendes Malbrett. Das Malbrett sollte ein paar Zentimeter größer sein als das Papier, zum Beispiel bei der Papiergröße DIN A3 etwa 40 x 50 cm.

Papier befeuchten

Das Papier wird mit einem Schwamm befeuchtet.
Für Kinder zerschneidet man einen einfachen Haushaltsschwamm in kleine Stücke. Das Schwämmchen wird in eine Schüssel mit lauwarmem Wasser getaucht und über der Wasserschüssel wieder ausgepreßt. Mit tupfenden Bewegungen wird nun das Papier befeuchtet. Das Papier sollte dabei auf beiden Seiten naß gemacht werden. Mit ein bißchen Übung können auch kleine Kinder das Blatt wenden, ohne daß es zerreißt.
Jetzt kann man mit dem Malen beginnen.

Malen mit Aquarellfarben

Barbara Wolffhardt

Papier beidseitig mit nassem Schwamm anfeuchten

Auf das nasse Papier malen

Farbenexperimente

Die Bilder haben eine fantastische Leuchtkraft, und die Kinder verlieren bald alle Hemmungen und experimentieren begeistert mit nassem Papier und den flüssigen Farben.

Man kann mit den Aquarellfarben auch auf trockenem Papier malen. Dabei können die Farben stark mit Wasser verdünnt werden, wobei ganz zarte, lasierende Farbtöne entstehen. Über die schon getrockneten Farbschichten kann man immer wieder malen, wobei sehr schöne transparente Farbschichten entstehen. Diese Technik eignet sich aber mehr für ältere Kinder, weil man schon ein wenig Geduld aufbringen muß, bis die Farben getrocknet sind und man wieder weitermalen kann. Ein Tip: Bei warmem, sonnigem Wetter trocknen die Farben im Freien besonders schnell.

Malen

Auf dem nassen, saugfähigen Papier fließen die Farben ineinander, vermischen sich, und es entstehen »neue« Farbtöne.

Bei den ersten Malversuchen nimmt man am besten nur 2 Grundfarben, zum Beispiel Rot und Blau. Überrascht stellt man fest, wie viele herrliche Violettöne sich mischen lassen. Malt man mit den drei Grundfarben auf nassem Papier, entstehen viele unterschiedliche Mischfarben.

Zum Trocknen wird das fertige Bild vorsichtig auf Zeitungspapier gelegt. Zum Schluß wäscht man die Farbreste vom Malbrett.

Malen mit Aquarellfarben
(Fortsetzung von Seite 37)

Was soll ich malen?

Kleine Kinder malen gerne nach Themen wie:
Das lichte Gelb wird von dem dunklen Blau eingehüllt.
Zwei Farben begegnen sich und zaubern.
Zwei oder mehrere Farben hüpfen als Punkte übers Blatt.

Wir malen eine Regenbogenstimmung.
Ältere Kinder malen am liebsten Naturstimmungen, die mit dem Aquarell besonders gut ausgedrückt werden können, zum Beispiel: Früh am Morgen, Sommertag am See, Herbstbäume

Große Meister

Die größten Meister des Aquarells waren wohl William Turner, August Macke und Paul Klee.

Eine abschließende Bildbetrachtung kann zu neuen Versuchen anregen.

Malen mit Aquarellfarben

Barbara Wolffhardt

Das Fest der Schmierfinken

Mit Fingerfarben zu malen, ist ein besonderes Vergnügen. Schon ganz kleine Kinder haben an den leuchtend bunten Fingerfarben großen Spaß.

Fingerfarben gibt es in Flaschen und Dosen zu kaufen. Sie sind breiartig, wasserlöslich und leicht abzuwaschen. Man sollte jedoch darauf achten, daß sie ungiftig sind.

Material

Schälchen mit Fingerfarben
große Bögen Papier oder alte Tapetenrollen

Mallappen
Malkittel

Fingerfarben herstellen

Es ist nicht schwierig, Fingerfarben selbst herzustellen. Man braucht dazu Farbpigmente und Tapetenkleister. Beides erhält man im Farbengeschäft. Die Farbpigmente werden mit Wasser zu einem dicken Brei verrührt, mit Tapetenkleister vermischt, und schon hat man die schönsten Fingerfarben.

Malen und Schmieren

Manche Kinder sind zu Beginn etwas zaghaft und tauchen nur den Zeigefinger vorsichtig in die Farbe, um damit zu malen. Aber Fingerfarben entkrampfen, und bald schmieren alle Finger mit verschiedenen Farben über ein großes Blatt Papier. Das Malen mit Fingerfarben regt auch zum beidhändigen Malen an. Begeistert drucken die Kinder ihre farbigen Hände auf das Papier, und viele farbige Abdrucke schmücken das Blatt.

▲ Aus Farbpigmenten, Kleister und Wasser die Farbe anrühren

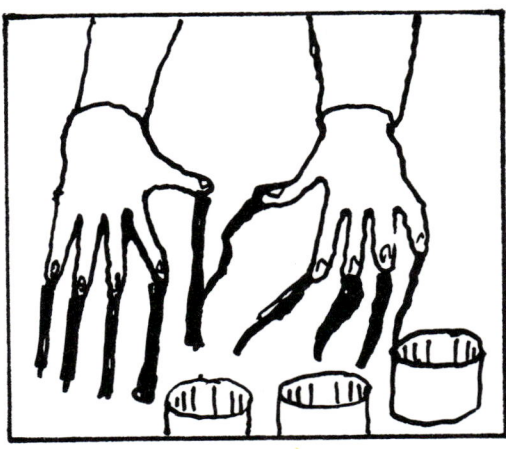

Hier darf man richtig schmieren ▶

Malen mit Fingerfarben

Ulrike Berger

Adamskostüm

Damit die Kinder ungehemmt mit den Farben schmieren können, sollten sie zum Malen einen Malkittel anziehen. Im Sommer macht es einen Riesenspaß, sich im Freien, nur mit Badehose bekleidet oder nackt, den Körper mit Fingerfarben zu bemalen.

Drunter und drüber

Wachsmalkreiden sind bei Kindern aller Altersstufen sehr beliebt. Die kleineren Kinder können damit großflächig und kräftig zeichnen, während die größeren Kinder sie vor allem wegen ihrer vielfältigen technischen Möglichkeiten benützen.

Material

Wachsmalkreiden
verschiedene Papiersorten

Verschiedener Maluntergrund

Wachsmalkreiden haften auf jedem Untergrund. Das kann Papier, Pappe, Glas, Holz, Kunststoff oder Metall sein. Will man die Zeichnung anschließend wieder entfernen, geht das ganz leicht mit Terpentinersatz.

Man kann mit Wachskreiden auf weißem oder farbigem Tonpapier zeichnen. Auf schwarzem Papier leuchten die Farben besonders schön.

Maltechniken

Bei Wachskreiden zeichnet man mit kräftigem Druck. Die Farben sind dann deckend und intensiv.
Leicht und zart aufgetragen, entstehen sensible Zeichnungen.
Durch Übereinandermalen vermischen sich die Farbtöne. Auf glattem Papier kann man die Farben auch mit den Fingern verreiben.
Beliebt ist bei Kindern die »Sgraffitotechnik« oder auch »Kratztechnik« genannt. Sie wird auf Seite 70 beschrieben.

Das kann man gut malen

Fantastische Blumen
Fische in vielen Farben
Feuerwerk
Paradiesvogel

Papierbatik

Herrliche Bilder erhält man, wenn man zu den Wachskreiden noch Wasserfarben und Tinte verwendet. Man nennt diese Technik auch Papierbatik.

Über die Wachskreidenzeichnung malt man mit Wasserfarbe, und wie durch Zauberei perlt die Farbe auf der Wachsschicht ab und färbt nur das weiße Papier ein.

Wachsmalkreiden

Gudrun Hartmann

Themen für Papierbatik
Bäume im Zauberwald, Fabelwesen
Wunderblumengarten

Nichts für Naschkatzen

Diese Zuckerkreiden sind keine Süßspeise. Aber man kann sehr gut damit malen.

Material

Tafelkreiden, Wasser, Zucker, verschiedene Papiersorten

Fixativ oder Haarspray

Zuckerkreiden herstellen

Bunte Tafelkreiden werden in zwei kleinere Stücke gebrochen und in Wasser und Zucker ein paar Stunden eingeweicht. Man nimmt dazu zwei Kaffeelöffel Zucker auf eine Tasse Wasser. Der Zucker dient als Bindemittel, so daß die Farbe besser auf dem Papier haftet und mehr Leuchtkraft besitzt.

Malen

Die feuchten, weichen Kreiden haften ganz ohne Druck auf dem Untergrund. Will man die Zeichnungen auf dem Papier fixieren, verwendet man Fixativ oder billigen Haarspray.

Zum Zeichnen sollte man den Kindern möglichst großes Papier zur Verfügung stellen, damit sie die Möglichkeit haben, vom Kopf bis zu den Zehenspitzen zu malen.

Maluntergrund

Man kann verschiedene Papiersorten verwenden, rauhes, glattes, buntes Tonpapier oder Packpapier.

Auch auf Schultafeln, resopalbeschichteten Tischplatten oder Steinfußböden haften die Farben recht gut.

▲ Malkreide in Zuckerwasser einweichen

▼ Die gemalten Bilder fixieren

Mit einem nassen Schwamm lassen sich die Farben leicht wieder abwischen.

Zuckerkreiden

Maria Caiati

Geschichten zeichnen

Kinder erfinden beim Zeichnen oft richtige Geschichten. So können viele Erlebnisse durch die bildhafte Aussage wieder lebendig werden.

Themen zum Zeichnen:

Eine bunte Fee, Zauberfisch, Blütenteppich

Raben malen rabenschwarz

Material

schwarze oder farbige Tusche
Zeichenfedern und Federhalter
Zeichenfedern aus Schilfrohr, Bambus oder Hölzern
Pinsel
Zeichenpapier
Schwamm

Zeichenfeder aus der Natur

Eine aufregende Sache ist es, wenn sich die Kinder ihre Zeichenfedern selber machen. Bei einem Spaziergang sammeln sie dickes und dünnes Schilfrohr, das mit einem Messer schräg angespitzt wird. Auch eine Vogelfeder ergibt eine gute Zeichenfeder.

Tuschfederzeichnung

Stahlfedern zum Zeichnen und Schreiben gibt es in verschiedenen Breiten zu kaufen. Je nach Federart erzielt man feine oder breite Striche oder Schraffierungen. Die Tuschfederzeichnung ist eine graphische Technik, die sich besser für Schulkinder eignet.

Mit Tusche und Pinsel

Man kann Tusche aber auch mit dem Pinsel vermalen. Wenn man die sattschwarze Tusche mit Wasser verdünnt, erhält man Tuschfarbe zum Malen. Mit farbigen Tuschen läßt sich eine schwarze Federzeichnung lavieren.

Auf nassem Papier

Mit Tusche kann man auch gut auf nasses, saugfähiges Papier zeichnen oder malen. Auf dem angefeuchteten Papier verläuft und verästelt sich der Tuschestrich, was zu fantasievollen Bildern anregt.

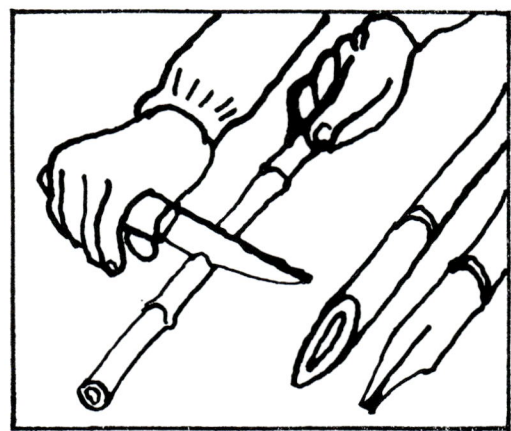

Zeichenfeder aus Schilfrohr geschnitzt

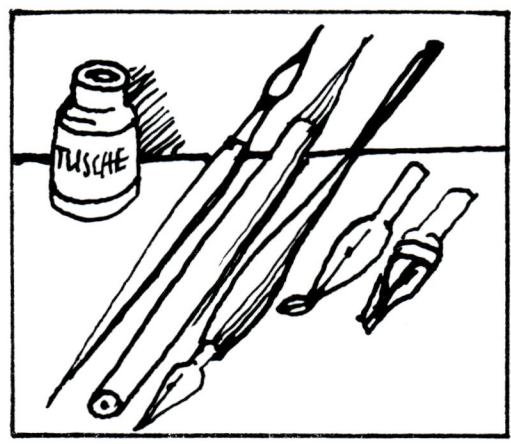

Pinsel und Stahlfedern für Tuschezeichnungen

Tusche

Marielle Huber

Große Meister

Sehr ausdrucksvolle Rohrfederzeichnungen hat Vincent van Gogh gemacht. Eine Kunstbetrachtung kann die Kinder zu eigenen Arbeiten motivieren.

Themen:

Insekten, Stachelschwein
Ich trage ein Kleid mit vielen Mustern

Hartnäckige Bilder

Holzbeize ist im Fachhandel in verschiedenen Farben erhältlich. Damit läßt sich nicht nur Holz beizen, man kann auch mit den leuchtenden Farben sehr gut auf Papier malen oder zeichnen.

Material

verschiedenfarbige Beize	**Schreib- und Zeichenfedern**
Schraubgläser	**rauhes und glattes Papier**
Pinsel in verschiedenen Stärken	**Malkittel**

Farben anrühren

Die Beize gibt es in pulverisierter Form in kleinen Tütchen zu kaufen. Sie wird mit Wasser nach der Beschreibung auf der Packung angerührt.
Beize kann man billig in größeren Mengen herstellen. Sie läßt sich gut mischen und in Schraubgläsern jahrelang aufbewahren. Leider ist sie nicht abwaschbar und macht hartnäckige Flecken in Kleidungsstücken. Deshalb beim Arbeiten mit Beize unbedingt einen Malkittel anziehen!
Beize läßt sich beliebig mit Wasser verdünnen. Je nach Wasserzugabe ist die Farbe konzentrierter oder zarter.

Beize mit Wasser anrühren

Malen

Unterschiedliche Effekte entstehen, wenn man auf trockenem oder feuchtem, saugfähigem Papier malt.
Mit Zeichen- oder Schreibfedern kann man reizvolle Federzeichnungen zu Papier bringen, die man nach dem Trocknen mit dem Pinsel kolorieren kann.

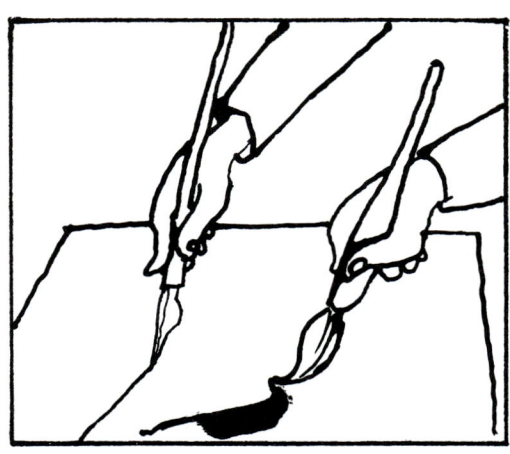

Mit Zeichenfeder oder Pinsel malen

Beize als Farbe

Trixi Haberlander

Märchenbilder

Diese Materialeffekte regen zu Märchenillustrationen und fantastischen Geschichten an. Es entstehen dunkle Tiefen des Waldes, geheimnisvolle Höhlen und Lichtungen, und seltsame Tiere und Gestalten verzaubern die Szenerie.

Themen:

Piratenkarte einer Schatzinsel
Gräserwald
Kakteen
Käfig mit Vögeln

Einfach ausgelöscht

Filzstifte sind bei Kindern sehr beliebt und fehlen in kaum einem Federmäppchen. Die leuchtend bunten Stifte gibt es im Sortiment und einzeln in verschiedenen Stärken zu kaufen. Kleine Kinder malen besonders gerne mit dicken Stiften.

Material

verschiedenfarbige Filzstifte Löschstift	Schreib- oder Zeichenpapier in verschiedenen Größen

Dicke und dünne Stifte

Die dicken Filzstifte eignen sich besonders für kleine Kinder. Damit können sie große Flächen gut ausmalen.

Mit den dünneren Stiften machen vor allem Schulkinder Zeichnungen mit vielen Verzierungen. Leider sind die Farben nicht lichtecht und bleichen mit der Zeit aus. Das sollte man beim Aufhängen von Zeichnungen bedenken.

Malen mit Löschstift

In manchen Packungen befindet sich auch ein Löschstift. Er ist mit einem Speziallösungsmittel getränkt und kann die Farben wieder aus dem Papier »heraussaugen«. Er ist allerdings nicht nur zum Ausbessern und Ausradieren geeignet. Man kann mit dem Löschstift auch wunderschöne Muster in farbig angemalte Flächen zeichnen. Diese Muster erscheinen weiß auf farbigem Grund.

Kinder arbeiten gerne mit dem Löschstift. Anfangs löschen sie oft ganze Zeichnungen wieder aus. Wie durch Zauberei ist von den Farben nichts mehr zu sehen. Erst nach einigen Experimenten mit dem Löschstift beginnen die Kinder mit dem bewußten Gestalten von verschiedenen Mustern.

Ein Löschstift läßt die Farbe verschwinden

Filzstifte und Löschstift

Svetlana Delač

Geschichten illustrieren

Beim Zeichnen kann man die Kinder durch interessante Themen zu vielseitigen Zeichnungen anregen.

Man kann ihnen zum Beispiel Märchen oder Geschichten erzählen, die sie dann illustrieren.

Themen:

Rhythmisches Zeichnen nach Musik
Verschlungene Wege im Farbgarten

Turmbau von Babel
Paradiesvögel

Die ersten Buntstifte

Wer erinnert sich nicht gerne an die ersten bunten Farbstifte, die man als Kind bekam. Leider sind diese Buntstifte heute durch die Filzstifte verdrängt worden.

Dabei läßt sich mit Buntstiften vieles machen. Diese Stifte gibt es auch in verschiedenen Stärken und Härtegraden.

Material

verschiedenfarbige Buntstifte	Zeichenpapier

Dicke und dünne Stifte

Bilder, die mit dicken, weichen Stiften auf Papier aufgetragen sind, lassen sich sogar mit dem Finger oder einem Papiertaschentuch verreiben. Die dünnen Farbstifte eignen sich besser für feine Zeichnungen.

Verschiedene Farbtöne

Durch leichtes oder festes Aufdrücken und Übereinandermalen entstehen verschieden kräftige oder zarte Farbtöne. Dadurch lernen die Kinder, wie man Farbtöne abstufen und feinere Mischtöne bekommen kann. Sehr beliebt sind bei den Kindern die Gold- und Silberbuntstifte.

Gemalte Linien und Flächen kann man verreiben

Briefmarkenkunst

Ein interessantes Thema ist: »Wir zeichnen eigene Briefmarken«. Mit der Zick zack-Schere werden aus Zeichenpapier größere Briefmarken ausgeschnitten, die von den Kindern mit eigenen Entwürfen ausgemalt werden.

Weitere Themen:

Der König auf dem Pfauenthron
Der Papagei

Die Prinzessin auf der Erbse
Tanz der Schmetterlinge

Buntstifte

Svetlana Delač

Schwarze Schloßgespenster

Mit Graphit- und Kohlekreiden gehen Kinder gern um. Sie können sich damit auch Gesicht und Hände schwärzen und sehen wie ein Schornsteinfeger aus.

Material

| Graphit und Kohle großes Zeichenpapier | Fixativ oder Haarspray |

Zeichenkohle

Vor allem aber zum Zeichnen auf großen Bögen Papier sind die grauen bis schwarzen Kreiden sehr gut geeignet. Graphitstifte oder -kreiden gibt es in verschiedenen Härtegraden. Die weichen Kreiden hinterlassen eine deutliche Zeichenspur bei geringem Kraftaufwand und eignen sich auch für kleine Kinder.

Malen

Am besten verwendet man für diese Kreiden ein großformatiges Zeichenpapier, wobei die Kinder am liebsten am Boden oder an einem – an die Wand gepinnten – Zeichenblatt malen. Dabei arbeitet der ganze Körper mit, die Arme schwingen, der Körper streckt und beugt sich.
Die weichen Graphit- und Kohlekreiden können mit den Fingern auch gut verschmiert werden.

Fixieren

Damit die fertigen Bilder nicht verwischt werden, müssen sie fixiert werden. Das kann man mit einem speziellen Fixativ oder billigem Haarspray machen.

Mit Kohlekreide kann man weiche Linien malen

Graphit und Kohle

Marielle Huber

Kohle selbst gemacht

Wer sich Zeichenkohle selbst herstellen möchte, wickelt einen dünnen Ast in Alufolie ein und legt ihn beim Grillen in das Lagerfeuer. Mit dem verkohlten Stück Holz kann man gut zeichnen.

Themen:

Selbstporträt
Nebelgeister
Arbeiter im Kohlenbergwerk
Schwarze Schloßgespenster

Kohlekreiden selbst hergestellt

Riesenbilder

Dispersionsfarben sind in Plastikflaschen abgefüllt. Es gibt sie in vielen Farben recht preiswert zu kaufen. Mit Wasser vermischt, können sie auch auf großen Flächen vermalt werden und decken gut ab. Dispersionsfarben sind giftig und für kleinere Kinder deshalb nicht so geeignet.

Material

Dispersionsfarben
großes Malpapier
Joghurtgläser zum Mischen der Farben
Borstenpinsel

Wasserglas
Mallappen
Malkittel

Malkittel anziehen

Ein Nachteil ist, daß Flecken und Spritzer aus der Kleidung nicht mehr zu entfernen sind. Auch eingetrocknete Pinsel kann man nur noch mit einem Speziallösungsmittel reinigen. Deshalb sollte man darauf achten, daß die Kinder Malkittel anziehen und Farbspritzer und Pinsel gleich abwaschen. Schulkinder arbeiten sehr gerne mit Dispersionsfarben, weil sie damit große Bilder auf Packpapier malen können. Auch zum Bemalen einer Hauswand oder eines Bretterzauns eignen sich Dispersionsfarben sehr gut, denn sie blättern nicht ab, und der Regen kann sie nicht abwaschen.

Achtung: Malkittel nicht vergessen!

Doppelgänger malen

Recht lustig geht es zu, wenn Kinder sich in voller Lebensgröße malen. Dabei legt sich ein Kind auf das Packpapier, ein anderes zeichnet die Körperumrisse mit dem Bleistift nach. Mit einem dicken Borstenpinsel und Dispersionsfarbe malt das Kind seinen Doppelgänger an. Anschließend wird er ausgeschnitten und an einer Wand befestigt.

Dispersionsfarben

Silvia Biener

Sahnefarben

Weiße und farbige Dispersionsfarben vermischt, ergeben schöne Pastelltöne. Mit diesen »cremigen« Farben lassen sich herrliche Sahnetorten und Zuckerwerk malen. Süßigkeiten, die nicht dick machen!

Themen:

Süße Sachen auf einer schwarzen Marmorplatte
Obststand
Drache
Der Tiger von Eschnapur
Paradiesgärtlein

Lichtkunst aus Kunstlicht

Braucht man eine stimmungsvolle, farbige Kulisse für ein Kinderfest oder eine Party, läßt sich diese gut mit Glühlampenlack und Diagläsern herstellen. Bemalte oder bekleckste randlose Diadeckgläschen werden mit dem Diaprojektor an die Wand gestrahlt, und sogleich hat man die schönsten Wandgemälde.

Material

Glühlampenlack	Tageslichtfolien
randlose Diadeckgläser (5 x 5 cm)	Zeitungen zum Abdecken der
Wattestäbchen	Arbeitstische
Nagellack oder Speziallösungsmittel	Malkittel

Maltechniken

Glühlampenlack kann man in Malergeschäften kaufen. Er haftet auf Glas oder Folien, hat kräftige, leuchtende Farben und trocknet schnell. Am besten füllt man den Glühlampenlack in kleinen Mengen in Gläser. Ein Wattestäbchen wird in den Lack getaucht, damit kann man auf die Diagläser ein Motiv aufmalen. Tolle Effekte ergeben sich auch, wenn man ein Diagläschen mit verschiedenfarbigen Klecksen betupft und ein zweites Gläschen darauf preßt. Die Farben laufen ineinander und vermischen sich sehr schön.

Man kann auch versuchen, die aneinandergepreßten Diagläser wieder auseinanderzuziehen, solange sie noch nicht getrocknet sind. So entstehen interessante, feine Verästelungen, die in der Projektion wie ein Zauberwald oder Korallenriff aussehen.

Mit Wattestäbchen den Lack auf ein Diaglas auftragen

Arbeitsplatz

Am besten arbeitet man bei weit geöffneten Fenstern, weil Glühlampenlack sehr stark riecht. Zum Reinigen der Hände nimmt man Nagellackentferner oder einen Spezialverdünner. Damit der Arbeitsplatz nicht verschmutzt wird, muß man den Tisch vorher gut mit Zeitungspapier abdecken. Um Flecken in der Kleidung zu verhindern, sollten die Kinder Malkittel anziehen.

Malen mit Glühlampenlack

Veronika Siegert

Experimente

Es können auch verschiedene Materialien wie zum Beispiel Federn, Gräser oder Sandkörner zwischen zwei bemalte Gläser gepreßt werden. Man wird überrascht sein, welche Veränderungen die zarten Gebilde durch die Vergrößerung im Projektor erfahren.

Farbenspiele

Viele Schulen und Kindergärten haben einen Tageslichtprojektor. Der Projektor bietet sich zunächst einmal zu Farbspielen an. Einzelne Tageslichtfolien werden mit verschiedenen Farben und Formen bemalt. Wenn diese auf der Projektionsfläche übereinandergelegt werden, entstehen neue Muster und Farben. Dabei läßt sich ein Farben- und Formenlegespiel entwickeln, das zu immer neuen Varianten anregt.

Bewegliche Bilder

Daneben kann durch die Benutzung des Projektors auch eine sehr lebendige Bildgeschichte entstehen, zum Beispiel zum Thema Aquarium. Eine Folie wird mit Wasserpflanzen, Steinen usw. bemalt und auf die Projektionsfläche gelegt. Darüber wird langsam eine Rollenfolie gezogen, auf die viele bunte Fische gemalt sind. Die starke Vergrößerung der Malereien durch den Overhead-Projektor gibt Farben und Formen eine besondere Faszination.

Experimente

Experimente

62	Papierherstellung	Trixi Haberlander/Silvia Biener
64	Kleisterpapiere	Maria Caiati
66	Marmoriertes Papier	Marielle Huber
68	Absprengtechnik	Rudolf Seitz
70	Sgraffito	Trixi Haberlander
72	Papiercollagen	Eva Wolski/Gudrun Hörner
74	Hinterglasbilder	Barbara Wolffhardt
76	Übermalungen	Rudolf Seitz
78	Faltschnitt	Maria Caiati

Der kleine Gautscher

Ein sehr altes Handwerk ist das Papierschöpfen. Auch Kinder können diese Technik lernen und die schönsten Papiere selbst herstellen. Die handgeschöpften Papiere sind für jedes Kind ein Erlebnis. Oft sind sie so eindrucksvoll, daß sie als eigenständiges Kunstwerk gelten können. Sie lassen sich darüber hinaus gut bedrucken und zu kleinen Büchlein binden.

Material

rostfreies Gitter (20 Maschen pro Zentimeter)
oder doppeltes Fliegengitter (rostfrei)
rostfrei genagelter Holzrahmen (etwa 17 x 27 cm)
Wanne für den Schöpfrahmen
dicke Filzplatten oder alte Wollstoffe (etwas größer als der Rahmen)

Flasche, Nudelholz oder Presse zum Gautschen
Handquirl oder Tischmixer
Bügeleisen
viel Zeitungspapier oder Makulaturpapier
(unbedrucktes Zeitungspapier)

Papierbrei zubereiten

Für den Papierbrei nimmt man alte Zeitungen. Das Papier wird in viele schmale Streifen zerrissen und mit kochendem Wasser übergossen. Je länger man das Papier einweicht, desto feiner wird der Brei. Das Papier muß mindestens so lange eingeweicht bleiben, bis der Brei abkühlt. Das dauert oft mehrere Stunden. Besser ist es, man läßt den Brei über Nacht stehen.
Dieser Papierbrei wird weiterbearbeitet.

Unter Zugabe von heißem Wasser rührt man ihn portionsweise mit dem Handquirl oder im Mixer so lange durch, bis das Papier gänzlich zerfasert ist. Die Papiermasse gibt man in eine mit Wasser halb gefüllte Wanne und rührt alles gut um. Je mehr Masse im Wasser schwimmt, desto dicker wird das Papier. Das richtige Mengenverhältnis probiert man am besten selbst aus.

Papier schöpfen

Das Schöpfgitter baut man aus einem Holzrahmen, auf den mit Stiften das Gitter genagelt wird. Man taucht es zum Schöpfen senkrecht in die Wanne und hebt es waagerecht wieder heraus. Nun muß man warten, bis das Wasser abgetropft ist.
Wer Konfetti-, Blüten- oder Lamettapapier will, muß dies noch während des Herausnehmens von einem Helfer darüberstreuen lassen. Wenn das Wasser abgelaufen ist, wird die dicke Filzplatte auf den Schöpfrahmen mit dem Papierbrei gelegt und alles zusammen auf eine Zeitungsunterlage gewendet. Den Rahmen nimmt man ab und legt auf das feuchte Papier einen zweiten Filz.

Papierherstellung

Silvia Biener, Trixi Haberlander

Von links nach rechts:

Papierstreifen mit kochendem Wasser übergießen

Schöpfrahmen in den Papierbrei eintauchen

Schöpfrahmen herausnehmen und Wasser abtropfen lassen

Gautschen

Dann wird gegautscht. Mit einem Nudelholz oder einer Flasche preßt man das Wasser kräftig heraus. Den oberen Filz wringt man immer wieder aus und gautscht so lange, bis sich die Papierfasern gut miteinander verbunden haben und sich das Blatt leicht vom Filz löst.

Zuletzt bügelt man das Papier zwischen zwei Tüchern und läßt es auf einer möglichst glatten und unempfindlichen Unterlage trocknen.

Themen

Kleines Heft
Briefkarten und Briefpapier

Kalender bedrucken
Papiercollagen, Tastbilder

Mein Kleister tanzt Rock 'n' Roll

Kleisterpapiere kann man mit Kindern jeden Alters selbst herstellen. Dabei wird Tapetenkleister nach Anleitung angerührt, am besten einen Tag zuvor.

Material

festes Papier (Packpapier, alte Plakate, alte Tapetenrollen), Tapetenkleister	Fingerfarben oder Schultemperafarben Malkittel

So wird's gemacht

Mit einem Malkittel bekleidet, die Ärmel hochgekrempelt, verteilen die Kinder den Kleister auf dem Papier. Man kann die Hände oder einen breiten Pinsel dazu verwenden. Das gleichmäßig eingekleisterte Papier wird anschließend mit Finger- oder Schultemperafarbe eingestrichen. Am besten ist es, wenn man einen Klecks von der flüssigen Farbe auf das eingekleisterte Blatt gibt und flächig mit den Händen verstreicht.

Malen mit Musik

Spielt man dazu rhythmische Musik, ein Menuett, Walzer oder Rock 'n' Roll, tanzen die Hände auf dem Blatt, und in dem farbigen Kleistergrund entstehen Schwünge, Spiralen, Wellen, Zickzack…

Mit Gegenständen malen

Schöne Kleisterpapiere lassen sich auch herstellen, wenn man nicht nur mit den Fingern Muster oder Motive einzeichnet, sondern einen Pinselstiel, eine Gabel, einen im Zickzack eingeschnittenen Kartonstreifen, einen Kamm oder andere Gegenstände benutzt. Fertige Kleisterpapiere läßt man am besten auf Plastikfolie trocknen.

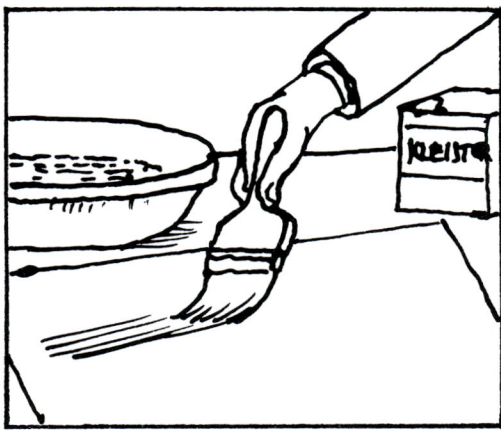

▲ Papier mit Kleister bestreichen

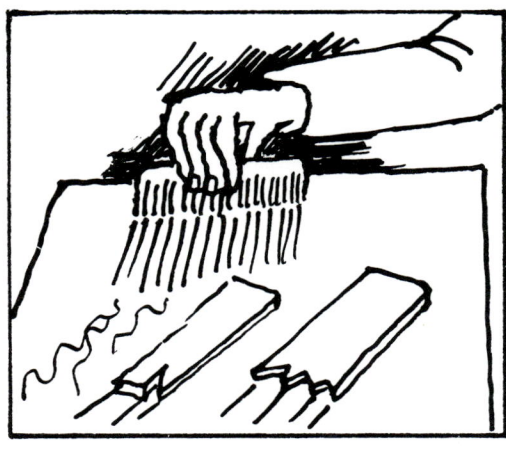

In die feuchte Farbe Muster ziehen

Kleisterpapiere

Maria Caiati

Bastelideen

Mit Kleisterpapieren kann man schöne Heft- oder Bucheinbände, Kuverts oder Tüten basteln. Wenn man die Papiere mit Klebstoff einstreicht, kann man damit Dosen, Schachteln, Leitz-Ordner und vieles mehr beziehen.

Geheimnis aus dem Orient

Marmorierte Papiere sind reizvolle Buntpapiere, die ursprünglich aus dem Vorderen Orient stammen. Mit ein bißchen Übung lassen sich diese Papiere selbst herstellen.

Material

ein flaches Gefäß, z.B. Backblech, Tablett
Tapetenkleister
Borstenpinsel
Pipetten
Schaschlikstäbchen
Ölmalfarben
Terpentin
Ochsengalle (aus dem Farbengeschäft)
Seifenspiritus (aus der Apotheke)
Büttenpapier

Farben anrühren

Man braucht dazu ein flaches Gefäß, in das man sehr dünnflüssigen Tapetenkleister schüttet. Am besten rührt man den Kleister schon am Tag vorher an, damit die Luftblasen entweichen. Ölmalfarben aus der Tube werden stark mit Terpentin vermischt. Wie dünnflüssig man die Farbe anrühren muß, sollte durch Auftragen auf dem Kleister erprobt werden.

Marmorieren

Die Farben lassen sich gut mit einer Pipette auftragen oder mit dem Pinsel aufspritzen. Die Farbflecken müssen auf dem Kleister »schwimmen« und dürfen nicht absinken. Wichtig ist auch, daß die Farbflecken sich auf dem Kleistergrund gut ausbreiten. Das wird durch Vermischen der Farben mit Ochsengalle oder Seifenspiritus erreicht. Ist ausreichend Farbe auf der Kleisteroberfläche, zieht man mit einem Schaschlikstäbchen Marmormuster in die Farbe.

Farbe auf dünnflüssigen Kleister tropfen

Papier färben

Dann wird ein Bogen Ingres-Büttenpapier vorsichtig auf die Farbschicht gelegt, leicht angedrückt und wieder abgezogen. Am besten ist es, man richtet sich seinen Arbeitsplatz direkt neben dem Waschbecken her, denn das marmorierte Papier muß nun

Marmoriertes Papier

Marielle Huber

gut unter fließendem Wasser abgewaschen werden, bis keine Kleisterspuren mehr auf dem Papier zu sehen sind. Das feuchte Papier wird zum Trocknen auf eine Wäscheleine gehängt.

Nach dem Trocknen kann man es von der Rückseite her glattbügeln. Mit den so gestalteten Papieren lassen sich Schachteln, Dosen, Bücher, Bleistifte überziehen.

Papier auf die Farbschicht legen

Kleister abspülen, Papier trocknen lassen

Wasser statt Kleister

Einfacher, aber auch sehr schön ist es, wenn man statt Kleister Wasser nimmt, das man in eine alte Schüssel füllt, und verdünnte Ölfarben hineintropft. Die Ölfarben schwimmen auf der Wasseroberfläche und werden von einem Blatt Papier leicht aufgesogen.

Basteln

Man kann auch Osterschmuck mit dieser Technik anfertigen. Ein ausgeblasenes Ei wird auf ein Schaschlikstäbchen gesteckt und über die Farbe gerollt. So einfach sind die dekorativen, marmorierten Eier herzustellen.

Der Trick mit dem Wasser

Mit der Absprengtechnik kann man – wie durch Zauberei – auf einem mit Tusche zugemalten Papier die weiße Zeichnung wieder erscheinen lassen.

Material

Deckweiß
Tusche, schwarz oder farbig
festes Papier

Pinsel
Wasserglas

Der Trick

Dieser Zaubertrick beruht auf der Tatsache, daß Deckweiß wasserlöslich ist, die einmal getrocknete Tusche aber nicht.

Malen

Man malt mit Deckweiß eine Zeichnung auf ein weißes oder farbiges Papier. Dabei muß man darauf achten, daß die Farbe nicht zu dünn aufgetragen wird. Nach dem Trocknen wird das Blatt mit Tusche und einem breiten Pinsel völlig zugemalt.

Mit Deckweiß malen und mit Tusche überpinseln

Deckweiß abwaschen

Ist die Tusche trocken, wird das Blatt in einem Waschbecken vorsichtig unter den Wasserstrahl gehalten. Das Wasser dringt durch das Papier oder durch die feinen Risse in der Tusche bis zum Deckweiß vor und löst dieses auf. Wenn nun vorsichtig mit der Hand oder einem Schwamm auf dem Blatt gerieben wird, löst sich über dem Deckweiß die Tusche ab, und die Zeichnung erscheint wieder. Sie wirkt wie ein Linolschnitt. Man ist überrascht, welch interessante, zweifarbige Bilder entstehen.

Deckweiß im Wasser auflösen und abwaschen

Absprengtechnik

Rudolf Seitz

Themen:

Als Themen eignen sich besonders gut dekorative, ornamentale Inhalte:
Orientalischer Palast
Das reichverzierte Kleid der Prinzessin
Eine Stadt bei Nacht
Mittelalterliche Burg

Wenn Tatzen kratzen

Mit dieser Technik können die Kinder farbenfrohe Wachskreiden-Kratzbilder herstellen.

Material

Wachsmalkreiden
schwarze Tusche
Kratzwerkzeuge, z. B. Pinselstiel,
Feder, Hölzchen oder Nagel

festes Papier
Glasplatten
schwarze Plakafarbe
Gold- oder Silberpapier

Bemalen

Man bemalt festes Zeichenpapier möglichst dicht mit bunten Wachskreiden. Der weiße Papiergrund darf nicht mehr durchscheinen. Man kann auch Farbflächen übereinander malen. Je dichter die Untermalung, desto leuchtender wirkt das Sgraffito. Das bunte Wachsbild wird mit schwarzen Wachskreiden oder schwarzer Tusche angestrichen.

Figuren herauskratzen

Dann beginnt man mit den Kratzwerkzeugen, eine Zeichnung in die schwarze Schicht einzuritzen. Dabei werden die darunterliegenden Farben frei.
Da die herausgekratzten Wachsteilchen hartnäckig überall kleben bleiben, ist es gut, den Arbeitsplatz mit einer Zeitung abzudecken.

Schwarz-Weiß

Die gleiche Technik läßt sich auch schwarz-weiß durchführen. Dabei wird das weiße Zeichenpapier mit einer farblosen Stearinkerze eingerieben.

Papier mit bunten Wachsmalkreiden bemalen

Mit dem Nagel eine Zeichnung einritzen

Sgraffito

Trixi Haberlander

Andere Techniken

Streicht man eine Glasscheibe mit schwarzer Plakafarbe ein, kann man die Farbe nach dem Trocknen sehr leicht abkratzen. Die Schabseite wird mit einem weißen oder farbigen Papier hinterlegt und schließlich mit einem Tesaband samt dem Glas eingefaßt. Eine sehr effektvolle Wirkung erreicht man, wenn man das Glasbild mit Gold- oder Silberfolie hinterlegt. Dies eignet sich besonders für sakrale Motive.

Themen:

bunt schillernder Fisch
Feuerwerk, Weihnachtsengel

Kunststück stückchenweise

Kindern macht es großen Spaß, aus unterschiedlichen Papiersorten viele Formen zu reißen oder zu schneiden und wieder zu einem neuen Bild zusammenzukleben.

Material

Geschenkpapiere
Tapetenreste (alte Tapetenbücher)
Metallfolien
Seidenpapier
Transparentpapier

Buntpapier
Illustriertenbilder
Schere
Papierklebstoff

Formen reißen

Die Formen sollen auf keinen Fall mit dem Bleistift vorgezeichnet werden, sondern werden gleich aus dem Papier geschnitten oder gerissen. Dabei ist es am besten, wenn man sich auf möglichst einfache geometrische Formen wie Kreis, Dreieck, Quadrat oder Rechteck beschränkt.

Collagen kleben

Die einzelnen Teile werden auf ein Blatt Papier gelegt. Man kann sie spielerisch hin und her schieben, zum Schluß werden sie mit Papierklebstoff auf dem Untergrund befestigt.

Viele Gesichter

Interessant ist es auch, wenn man mit Illustriertenbildern arbeitet. So können zum Beispiel verschiedene Augen, Nasen, Münder, Ohren usw. ausgeschnitten und zu neuen Gesichtern zusammengeklebt werden. Erstaunt stellt man fest, wie sich der Gesichtsausdruck verändert, je nachdem wie weit oder eng die Augen beieinander stehen, ob die Stirn hoch oder niedrig, die Nase lang oder kurz ist.

Aus Papier Formen reißen und aufkleben

Am Fenster scheinen die Papiere unterschiedlich durch

Papiercollagen

Gudrun Hörner, Eva Wolski

Mit anderen Materialien

Man kann auch andere Materialien aufkleben: gepreßte Blätter und Gräser, Stoffe, Pelz, Holzreste, Leder, Schnüre, Bast, Wellpappe, Styropor oder Kork. Bei einem Spaziergang im Herbst können die Kinder verschiedenfarbige Blätter und Blüten sammeln und pressen. Man kann die spitzigen, herzförmigen, lanzettartigen, ovalen Blätter miteinander kombinieren, so daß witzige Tiere entstehen.

Große Meister

Es ist eine aufregende Geschichte, mit den Kindern Bilder des italienischen Renaissancemalers Archimboldie zu betrachten. Sie können viele Anregungen zum eigenen Gestalten geben.

Themen

Unsere Stadt, lustige Gesichter
Raumfahrzeug, Blütenwald

Vorsicht Glas

Kinder finden die leuchtenden, bunten Hinterglasbilder wunderschön!

Material

Glasscheibe
wasserunlöslicher dicker und dünner schwarzer Filzschreiber

Wasserfarben
Alufolie
Pappe, Tesafilm

Vorbereitung

Eine Glasplatte wird mit Spiritus und einem Lappen von Fett und Schmutz gesäubert. Dann zeichnet man mit dem dicken, schwarzen Filzstift das Motiv im Umriß auf die Glasplatte. Dabei ist zu beachten, daß das Bild nachher spiegelbildlich erscheint. Das muß man bei Schriften berücksichtigen.

Bildgestaltung

Nun wird die Zeichnung mit Wasserfarben ausgefüllt. Dabei sind intensive, leuchtende Farben vorzuziehen. Kostbar schimmert Silber durch, wenn man Alufolie hinterlegt. Die Rahmung ist einfach: Ein Stück Pappe wird in Größe der Glasplatte zugeschnitten und mit Tesafilm hinterklebt.

Große Meister

Es wäre schön, wenn man in einem Heimatmuseum mit den Kindern ein altes Hinterglasbild betrachten könnte. Von den modernen Künstlern haben Gabriele Münter und Wassily Kandinsky sehr schöne Hinterglasbilder gemalt.

Glas mit Spiritus abreiben

Mit Filzstiften und Wasserfarben malen

Hinterglasbilder

Barbara Wolffhardt

Geheime Zeichen

Weil Wasserfarben auf Wachs nicht halten, kann man interessante Malexperimente anstellen. Mit farbiger Tinte werden die Bilder besonders leuchten.

Material

Pinsel, festes Papier,
Wasserfarben oder Tinte,
Wachskreiden, Kerzen,
Alleskleber

Mit Kerzen

Wenn man zum Beispiel mit einer Stearinkerze auf das Papier zeichnet und das Ganze mit Wasserfarben oder Tinte übermalt, bleibt die Zeichnung weiß stehen.

Mit Wachskreiden

Das gleiche gilt, wenn man mit Wachskreiden auf das Papier zeichnet und die Zeichnung übermalt. Dabei muß man darauf achten, daß man mit wasserfesten Wachskreiden arbeitet. Man übermalt am besten nur einfarbig und verwendet einen dicken, weichen Pinsel.

Mit Kerzen Linien zeichnen und mit Wasserfarben übermalen

Mit Klebstoff

Es ist auch einen Versuch wert, mit einem Alleskleber auf das Papier zu zeichnen, indem man die »Fäden« des Klebstoffes so verteilt, daß sie ein Bild ergeben. Mit den Zufällen läßt sich gut spielen. Ist der Klebstoff getrocknet, entstehen beim Übermalen ganz ungewöhnliche Bilder.

Themen

Zauberwald, Meeresfische

Anstatt Wachs kann man auch Alleskleber verwenden

Übermalungen

Rudolf Seitz

Eine große Überraschung

Papier zu falten und anschließend Stücke herauszuschneiden, ist eine große Leidenschaft der Kinder. Wenn sie dann das Papier auseinanderfalten und die raffiniertesten Formen erscheinen, ist das jedesmal wieder eine Überraschung.

Material

Schere, Klebstoff,
weißes oder buntes Papier, Glanzpapier

Weihnachtsstern

Ein quadratisches Stück Papier mehrmals falten und in die Falt- und Schnittkanten mit der Schere verschiedene Einschnitte machen. Auf diese Weise kann man den schönsten Weihnachtsstern herstellen. Sehr wirkungsvoll sind diese Sterne aus Gold- oder Silberpapier. Oder man nimmt dazu schwarzes Tonpapier und hinterklebt die Einschnitte mit farbigem Seidenpapier.

Ringelreihen

Aus einem Papierstreifen, der wie eine Ziehharmonika gefaltet ist, kann man eine lustige Männchenkette machen. Dazu wird eine einfache Figur auf das oberste Blatt der Ziehharmonika gezeichnet und ausgeschnitten. Beim Schneiden muß man darauf achten, daß die Figuren an den Händen, Füßen oder Kleiderkanten aneinanderhängen, sonst fällt die Kette auseinander. Deshalb die Faltkanten nicht überall durchschneiden.

Themen:

Tischkarten
Sterne
Dekorationen
Collagen

◀ Das Papier mehrfach falten

▶ In die Faltkanten Muster einschneiden

Faltschnitt

Maria Caiati

Drucken

Drucken

82	Drucken	Rudolf Seitz
84	Monotypie auf Glas	Marielle Huber
86	Stempeldruck	Rudolf Seitz
88	Hand-, Fuß-, Finger-, Nasendruck	Eva Wolski
90	Schnurdruck	Maria Caiati
92	Schablonendruck	Trixi Haberlander
94	Kartondruck	Veronika Siegert
96	Materialdruck	Marielle Huber
98	Styropordruck	Marielle Huber
100	Nitrofrottage	Marielle Huber
102	Bleistiftfrottage	Marielle Huber

Schwarze Kunst

Drucken ist so alt wie die Menschheit. Mit Sicherheit haben unsere Vorfahren ihre Fußabdrücke auf weichem Boden beachtet und beobachtet. Als Jäger mußten sie die Spuren der Tiere lesen können. Nicht zuletzt beweisen die vielen Abdrücke von Händen an den Höhlenwänden, daß sie sehr wohl wußten, daß man bleibende Spuren hinterlassen kann, wenn man die Handflächen mit Farbe bedeckt und an die Wand drückt.

Drucken ist in vielerlei Hinsicht spannend. Man muß einen Druckstock haben oder erstellen. Das kann ein Stempel sein, eine Platte aus Materialien, deren Oberfläche so verändert wurde, daß man damit drucken kann. Dann aber kann der Druck wiederholt werden. Man kann eine »Auflage« drucken. Allerdings muß dabei beachtet werden, daß das Druckergebnis spiegelverkehrt ist.

Man unterscheidet verschiedene künstlerische »Druckverfahren«. Sie werden danach benannt, wo jeweils beim Drucken die Farbe aufgetragen ist.

In diesem Buch sind Drucktechniken ausgewählt, die sich für die Arbeit mit Kindern besonders eignen.

Als Farbe eignen sich wasserlösliche Druckfarben. Sie sind in allen Fachgeschäften erhältlich.

Material

Material für den Druckstock z. B. Linolplatten, Styropor, Kartoffel, Korken, Pappe	Glasplatte Linolrolle Papier
Aqua-Linoldruckfarben	

Druckstock einfärben

Am besten überträgt man die Farbe mit einer Walze auf den Druckstock. Die Farbe wird zunächst auf einer Kunststoff- oder Glasplatte ausgewalzt, bis sie »schmatzt«, und dann auf den Druckstock aufgetragen. Die Farbe sollte nicht zu dick aufgesetzt werden, da es sonst Quetschspuren gibt.

Papier bedrucken

Auf den eingefärbten Druckstock legt man nun ein möglichst saugendes Papier und erzeugt entsprechenden Druck, damit sich die Farbe vom Druckstock auf das Papier überträgt. Da meist keine Spezialpresse zur Verfügung steht, muß man den Druck anders erzeugen.

Drucken

Rudolf Seitz

Papier auf Druckstock pressen

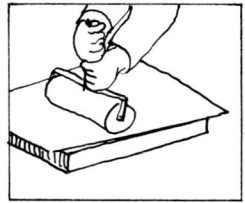
Druckstock mit Walze einfärben

Man kann zum Drucken auch eine Bürste...

...oder einen Löffel nehmen

Mit der Walze oder Bürste

Eine Tapezierwalze (ohne Farbe) kann dabei dienlich sein. Man kann auch eine Bürste benützen (Bürstenabzug), die man vorsichtig, aber systematisch auf das Papier drückt und so die Farbe »herüberholt«. Vorsichtshalber sollte noch ein zweites Blatt Papier darübergelegt werden, damit das eingefärbte und feuchte Papier nicht reißt.

Mit dem Löffel

Auch mit einem alten Löffel kann man drucken. Dazu nimmt man den Löffelstiel so in die Hand, daß der Daumen in der Vertiefung liegt. So läßt sich das Druckpapier mit ziemlich viel Druck abreiben.

Papier

Es gibt natürlich viele, leider teure Spezialpapiere. Im Grunde eignen sich alle Papiere, die nicht zu stark geleimt sind.

Für besonders schöne Drucke sollte man Japanpapiere verwenden.

Gedruckte Spiegelbilder

Die Monotypie ist ein Einmaldruck. Diese Technik ist es wert, daß man sie einmal ausprobiert.

Material

Eine Glasplatte
schwarze Aqua-Linoldruckfarbe
Linolwalze
Zeichenblockpapier,
Schreibmaschinenpapier, Saugpost
Stifte in verschiedenen Stärken
Kugelschreiber

Bürste
Werkzeug zum Kratzen:
Falzbein
Nägel
Zeichenfedern
spitze Hölzchen

Glasplatte vorbereiten

Eine Glasplatte wird sehr dünn und gleichmäßig mit Aqua-Linoldruckfarbe eingewalzt. Mit einer Linolrolle wird die Farbe so lange auf der Glasplatte ausgewalzt, bis ein schmatzendes Geräusch zu hören ist. Um zu verhindern, daß zuviel Druckfarbe auf der Platte ist, legt man anschließend ein saugendes Blatt Papier auf die eingewalzte Glasplatte und reibt mit dem Handballen darüber. Dadurch wird die überschüssige Farbe abgenommen. Zurück bleibt eine hauchdünne Farbschicht.

Glasplatte einfärben und Papier auflegen

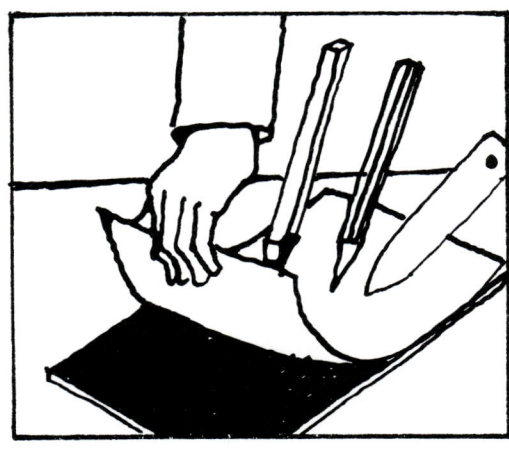

Ein Bild zeichnen und Papier wieder abnehmen

Monotypie auf Glas

Marielle Huber

Motive aufzeichnen

Nun wird vorsichtig ein saugfähiges Blatt Zeichenpapier aufgelegt. Auf die Rückseite des Papiers zeichnet man das Motiv auf. Dabei kann verschiedenes Werkzeug benutzt werden. Mit einem stumpfen, weichen Stift wird die gezeichnete Linie etwas flockig. Bei einer spitzen Zeichenfeder entsteht eine scharflinige Zeichnung. Flächenhafte Tönung erreicht man, wenn man mit dem Finger vorsichtig über das Blatt reibt.

Umdruck

Hebt man das Blatt ab, hat man auf der Rückseite einen Spiegelbild-Umdruck.

Themen:

Stachelschwein, Gespensterschloß, Rübezahl

Da ist Druck drauf

Es macht viel Spaß, sich selbst Stempel zu schneiden und Bilder aus Teilen zusammenzusetzen.

Eine uralte Technik ist der Kartoffeldruck. Schon ganz kleine Kinder können mit einem Messer eine Kartoffel halbieren.

Material

Kartoffeln
Kork
Styropor
Moosgummi
Plastikradiergummi

Messer
Linolschnittmesser
Papier
Farbe

Einfacher Stempel

Man trägt Wasserfarbe auf die Schnittfläche der Kartoffel auf und hat einen ovalen oder runden Stempel. Die Farbe wird entweder mit einem Pinsel aufgetragen, oder man macht ein kleines Stempelkissen aus einem mit Farbe getränkten Stückchen Filz. Den eingefärbten Stempel kann man auch öfter abdrucken. Die Abdrücke werden von Mal zu Mal schwächer, was sehr reizvoll aussieht. Schließlich muß der Stempel wieder neu mit Farbe bestrichen werden.

Besondere Stempelformen

Ein wenig schwieriger ist es, wenn die Kartoffel so zugeschnitten wird, daß geometrische Druckformen entstehen, zum Beispiel Quadrate, Rechtecke, Dreiecke oder Kreise. Man kann diese Formen noch weiter verändern, indem man mit einem scharfen Messer oder Linolschnittbesteck Muster in die Schnittfläche schneidet. Will man Buchstaben drucken, muß man sie spiegelbildlich in die Kartoffel einschneiden, sonst ist der Abdruck seitenverkehrt.

Stempel selbst herstellen

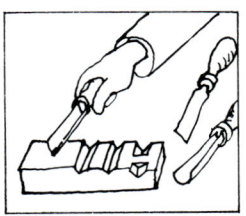

Buchstaben und Wörter stempeln

Kartoffelstempel mit einfachen Formen

Stempeldruck

Rudolf Seitz

Andere Druckstöcke

Als Druckstock können auch Korken oder Moosgummistücke verwendet werden. Auch Plastikradiergummi lassen sich ganz leicht mit dem Messer schneiden. Es ist gar nicht schwierig, seinen eigenen Namenstempel zu machen. Moosgummi nimmt man zum Fensterabdichten. Man bekommt ihn meterweise im Fachhandel zu kaufen. Es gibt Moosgummi in verschiedenen Formen, zum Beispiel als Quadrat, Rechteck oder Kreis. Mit der Schere kann man leicht kleine, handliche Stücke abschneiden.

Bilder stempeln

Auch aus zugeschnittenen Styroporteilen kann man Stempel herstellen. Wenn man Teile von Styroporbehältern als Stempel einsetzt, kann man große, ungewöhnliche Bilder gestalten.

Natürlich können viele Bilder auch in Gemeinschaftsarbeit zusammengesetzt werden. Mit Stoffarben lassen sich Tischdecken, Servietten, Wandbilder und Vorhänge gestalten.

Tausend-füßler am Werk

Es ist eine lustige Sache, wenn Kinder sich Hände oder Füße einfärben. Erst beim Abdruck sieht man, wie unterschiedlich unsere Hände und Füße sind. Da gibt es große und kleine, lange und kurze, breite und schmale Hände oder Füße. Auch die vielen Linien und Fältchen, die in unserer Handfläche sind, sieht man beim Abdruck gut.

Material

Finger- oder Malkastenfarbe
große Bögen Papier
Packpapier oder Plakate

Vorbereitung

Diese Arbeit führt man am besten im Freien durch, wenn es warm ist und Wasser in der Nähe ist. Die Kinder bemalen ihre Füße, Hände und Nasen mit Farbe, und das Spiel beginnt.

Großes Druckbild

Wenn sich zum Beispiel zwei Kinder zur Begrüßung die Hände reichen, mischen sich die Farben. Auf einem großen Papier drucken dann mehrere Kinder gemeinsam ein »Hand-Fuß-Finger-Nasen-Bild«.

Großes »Füßetreffen«

Ein Fuß, eine Hand, viele Füße, viele Hände im Kreis, hintereinander, ein großes Füßetreffen, ein- oder mehrfarbig. Immer mehr wird ausprobiert: das Drucken im Vierfüßlergang, hüpfend und als Abschluß zur Musik tanzend.

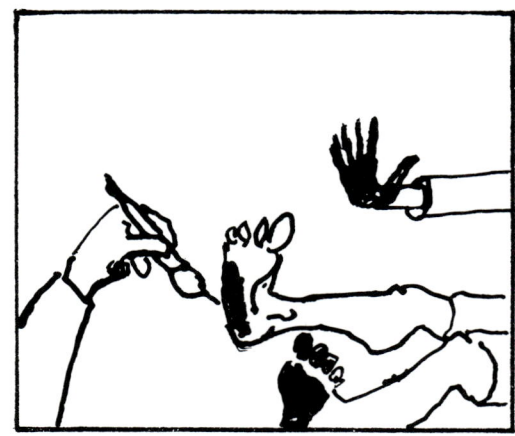

▲ Hände und Füße anmalen

Ein Vierfüßler wandert über das Papier ▶

Hand-, Fuß-, Finger-, Nasendruck

Eva Wolski

Schlangenbilder

Mit einem Stück Schnur oder einer Kordel kann man lustige Figuren und Formen legen.

Material

Pappe in Bildgröße
Kordel oder feste Schnur in einheitlicher Stärke
Alleskleber

Druckpapier
wasserlösliche Druckfarbe
Papier

Formen legen

Man kann die Schnur wie eine Schnecke einrollen oder zu Schlingen legen. Dabei sollte man darauf achten, daß die Schnur sich nirgends überschneidet.

Druckstock kleben

Wenn man diese Schnurfiguren auf einen festen Karton klebt, hat man gleich einen schönen Druckstock für viele Abdrücke. Das montierte und aufgeklebte Schnurbild wird mit einer Farbwalze eingefärbt und kann nun beliebig oft wieder auf Papier abgedruckt werden.

▲ Formen legen und festkleben

Rapportdruck

Schnurdrucke sind sehr reizvoll, denn die Struktur der Kordel wird beim Druck gut sichtbar. Mit dem Schnurdruck kann man viele Bildmotive drucken. Als Rapportdruck läßt er sich auch gut zum Verzieren von Servietten, Tüchern, Bucheinbänden usw. verwenden. Dabei arbeitet man mit einem kleineren Stück Karton, der mit Schnur beklebt und wiederholt abgedrückt wird.

▲ Druckstock aus Schnur einfärben

Schnurdruck

Maria Caiati

Themen:
Etwas schlängelt und windet sich
Schneckenhochzeit
lustige Tiere

Alles hundertfach

Der Schablonendruck ist eine einfache Drucktechnik, die zu vielen Gestaltungsaufgaben anregt.

Material

fester Karton, Schere, Papier	Linoldruckwalze oder Pinsel
wasserlösliche Druckfarbe	Glasplatte zum Auswalzen der Farbe

Schablonen

Aus Karton werden Schablonenformen ausgeschnitten und mit Druckfarbe eingewalzt. Die Farbe kann auch mit dem Pinsel aufgetragen werden. Tupft man die Farbe mit einem dicken Borstenpinsel auf, gibt es interessante Strukturen.

Drucken

Die eingefärbte, noch feuchte Schablone druckt man auf das Papier. Damit der Druck deutlich sichtbar wird, muß man die Schablonenrückseite mit den Fingern oder einem harten Gegenstand, zum Beispiel einem Löffel, reiben. Daher spricht man auch von Reibedruck.
Viele Varianten entstehen durch mehr oder minder starkes Einwalzen der Schablone und durch verschieden starkes Drucken und Reiben.

Phasendruck

Wenn man die eingefärbte Schablone mehrmals hintereinander abdruckt, entsteht ein interessanter Phasendruck mit vielen Tonwerten.

Druckformen aus Karton selbst hergestellt

Phasendruck: eingefärbte Druckform mehrmals abdrucken

Schablonendruck

Trixi Haberlander

Kinder sind fasziniert von der Vielfalt der Gestaltungsmöglichkeiten, die sich ganz spielerisch beim Drucken mit einfachsten Schablonen ergeben.

Zum Bedrucken von Karten, Papieren und Stoffen eignet sich der Schablonendruck besonders gut.

Themen:

Tiere, die nur aus geometrischen Formen bestehen

Schöne Häuser
Ornamente

Aus eins mach zehn

Aus gleich starken Kartonresten kann ein schönes Kartondruckbild entstehen.

Material

Linolwalze
Glasplatte zum Auswalzen der Farbe
Klebstoff, Schere, Papier

Karton (z.B. finnische Pappe oder Aktendeckel)
wasserlösliche Linoldruckfarbe

Formen ausschneiden

Man schneidet aus dem Karton einfache Formen aus. Dabei sollte man mit dem Bleistift nicht vorzeichnen. Sehr wirkungsvoll sind geometrische Formen wie Dreieck, Rechteck, Quadrat, Kreis. Die Formen werden auf einem Aktendeckel zu Figuren gelegt. Nun kann man die Kartonstückchen spielerisch hin und her schieben, dadurch entsteht immer wieder ein neues Bild.

Druckstock

Ist man mit dem Ergebnis zufrieden, werden die Formen mit Alleskleber auf den Aktendeckel geklebt. Schon ist der Druckstock fertig.

Formen zu einem Bild zusammenlegen

Drucken

Auf einer Glasplatte wird wasserlösliche Druckfarbe mit einer Linolrolle dünn ausgewalzt. Mit der eingefärbten Farbwalze rollt man über die Druckplatte. Dabei werden nur die erhabenen Teile, nämlich die aufgeklebten Kartonstücke, eingefärbt. Der so eingefärbte Druckstock wird mit der Farbseite nach unten auf ein Blatt Papier gelegt. Damit der Abdruck gleichmäßig wird, drückt man den Druckstock fest auf das Papier.

Diesen Druckstock mit Farbe einwalzen

Kartondruck

Veronika Siegert

Praktisches

Da die Druckplatte beliebig oft verwendet werden kann, eignet sich dieses Verfahren sehr gut zum Herstellen von Einladungen oder Glückwunschkarten.

Themen:

Viele Häuser gibt es in unserer Straße
Sternenhimmel, Blumen

Alles platt gedrückt

Ein Materialdruck ist der Abdruck von reliefartigen Materialien. Schon das Suchen geeigneter Materialien kann großen Spaß machen und die Neugierde wecken.

Material

Glasplatte	ein festes Blatt Papier
Aqua-Linoldruckfarbe	Klebstoff
Linolwalze	Zeichenpapier

Man nehme

Grundsätzlich können alle Materialien verwendet werden, die eine reliefartige Oberfläche haben, zum Beispiel Tapeten mit Prägemuster, Lederreste, Borten, Schnüre, Spitzen, Gardinenreste, Netze, Tüll, Holzabfälle, Drahtgewebe, Pflanzen, Blätter, Blumen, Farn, Gräser. Besonders gut eignen sich Materialien, die eine grobe, rauhe und gut strukturierte Oberfläche haben.

Druckstock aus verschiedenen Gegenständen

Druckstock

Nachdem man sich durch das gesammelte Material gewühlt hat, schneidet man verschiedene Materialien aus und klebt sie auf ein festes Papier.

Drucken

Auf einer Glasplatte wird die Druckfarbe mit einem Linolroller ausgewalzt und der Druckstock sorgfältig mit Farbe eingewalzt. Man darf die Farbe nicht zu dick auftragen, sonst quillt sie unter den Rändern hervor. Sehr gut geeignet ist Aqua-Linoldruckfarbe, die wasserlöslich ist. Beim Abdrucken legt man das Papier am besten über den Druckstock und rollt mit einer sauberen Linolwalze, einem Nudelholz oder einer leeren Flasche über das Papier. Auf diese Weise erhält man recht effektvolle Bilder.

Materialdruck

Marielle Huber

Themen:

Zauberwald
ein schöner Blütenwald
Schrottplatz

Paradiesvögel
wundersame Fische

Gefräßiges Ungeheuer

Styroporplatten dürfen normalerweise nicht mit Lösungsmitteln zusammengebracht werden, denn Nitroverdünnung, Tetrachlor oder Uhu ätzen große Löcher in das Styropor.

Material

Styroporplatten	Aqua-Linoldruckfarbe
lösungsmittelhaltiger Filzstift	Linolroller
Uhu	Glasplatte
Nitroverdünnung	Papier

Druckstock ätzen

Diese Lösungsmittel kann man jedoch benutzen, um eine Zeichnung in die Styroporplatte zu ätzen. Man verwendet dabei möglichst feines Styropor in 1 cm dicken Platten. Man kann auch mit einem Filzstift, der in eine lösungsmittelhaltige Farbe getaucht wurde, das Motiv einfach in die Platte einätzen. Die Zeichenspuren fressen sich in das Styropor.

Drucken

Die so behandelte Platte wird mit der Aqua-Linoldruckfarbe eingewalzt und vorsichtig auf ein Zeichenpapier gedruckt. Die Zeichnung wird bei dem Druck ausgespart und erscheint nun weiß auf dem farbigen Druck.

▲ Mit Lösungsmittel ein Muster einätzen

Besondere Effekte

Durch weiteres Zeichnen, Kratzen, Schmelzen oder Auflösen kann man mit dem gleichen Druckstock sehr effektvolle Mehrfarbendrucke gestalten.

Beim Druck erscheint das Muster weiß ▶

Styropordruck

Marielle Huber

Themen:

Marsmenschen, Stachelschwein
Piratenkarte einer Schatzinsel

Die extra Frottage

Eine tolle Sache ist es, mit Nitroverdünnung die farbigen Bilder aus Illustrierten abzudrucken.

Material

Nitroverdünnung	billiges Zeichenpapier
farbige Bilder aus Illustrierten	Marmeladenglas
breite Pinsel	

Vorbereitung

Man füllt ein wenig Nitroverdünnung in ein Glas und legt einen Bogen Zeitungspapier als Unterlage, einen breiten Pinsel und billiges Zeichenpapier zurecht. Aus Illustrierten reißt und schneidet man Fotos aus. Das Zeichenpapier legt man auf die Zeitungspapierunterlage, dann wird das Illustriertenbild mit der abzudruckenden Seite nach unten darauf gelegt.

So wird's gemacht

Jetzt muß man flott arbeiten! Mit schnellem Pinselstrich wird die Nitroverdünnung auf die Rückseite des Bildes aufgetragen. Wenn auf der Rückseite das Bild mit »Pünktchenmuster« durchkommt, legt man ein zweites Stück Zeichenpapier darauf und drückt mit dem Handballen kräftig auf das Blatt. Gleich kann man das Ergebnis bestaunen! Die Farbschicht des Druckes hat sich gelöst und erscheint nun spiegelbildlich auf unserem Zeichenpapier. Ein Tip: Titelblätter und beidseitig farbig bedruckte Seiten eignen sich nicht.

Abbildung mit Nitroverdünnung einpinseln

Papier fest aufdrücken, wieder abziehen

Nitrofrottage

Marielle Huber

Vorsichtsmaßnahmen

Weil die Dämpfe der Nitroverdünnung nicht ungefährlich sind, sollte man bei geöffnetem Fenster oder im Freien arbeiten. Beachtet man solche Vorsichtsmaßnahmen, ist dies eine Technik, an der Kinder und Jugendliche viel Spaß haben.

Collage

Interessante Ergebnisse erzielt man, indem die Nitrofrottagen collagenartig zu einem Bild geklebt werden.

Rubbelbilder

Material

Graphitkreiden
nicht zu dickes Zeichenpapier
reliefartige Materialien, die sich gut
durchrubbeln lassen, z. B.
Blätter
Hölzer, Furniere
grobe Textilien

Spitzen
Schnüre
Tortenpapier
Gräser
Drahtgewebe
Wellpappe
rauhe oder genarbte Papiere

Spielgeld selbstgemacht

Kinder stellen gern Spielgeld her, indem sie eine Münze unter ein Stück Papier legen und mit einem weichen Bleistift darüber schraffieren. Das geht am besten mit einem weichen Graphitstift in Kreideform. Wie durch Zauberei entsteht nun die geprägte Münze als Bleistiftzeichnung auf dem Papier.

Mit Tapeten

Der Fantasie sind keine Grenzen gesetzt, wenn man auf die Suche geht und verschiedene Materialien »abreibt«. Eine wahre Fundgrube sind Tapetenbücher. In ihnen findet man viele strukturierte Tapeten, aus denen man Formen ausschneiden und abreiben kann.

Mit Holz

Wie reizvoll und unterschiedlich die Maserung von Hölzern ist, wird deutlich sichtbar, wenn man Experimente macht und Baumrinden, verschiedene Hölzer und Furniere abreibt. Es lohnt sich, einmal ein Stück Parkettboden, die Tischplatte oder das schön gemusterte Holz eines Schranks abzureiben. Je nach Holzart und Schnittfläche ist die Maserung ruhiger oder bewegter, die Jahresringe sind deutlich zu sehen, ein Astloch blickt einem magisch entgegen und wird in der Fantasie zu einem Auge oder dem Vollmond am Himmel.

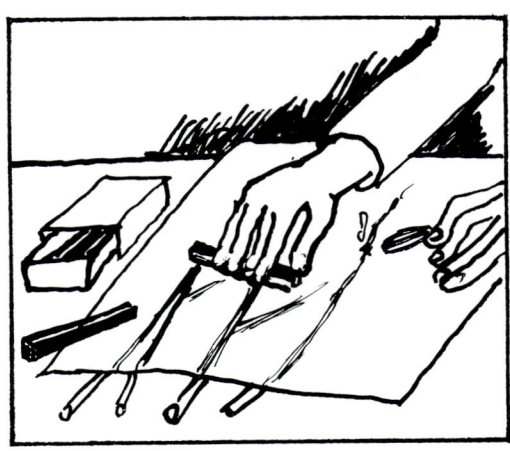

Gegenstände anordnen, Papier darüber legen

Bleistiftfrottage

Marielle Huber

Große Meister

Der surrealistische Künstler Max Ernst hat viele fantastische Frottagen gemacht. Es ist anregend, mit den Kindern zusammen Bilder von ihm zu betrachten und zu erraten, welche Materialien er für seine Frottage verwendet hat.

Themen:

fantastische Landschaft
Fabelwesen

Gräserwald
unheimliche Tiere

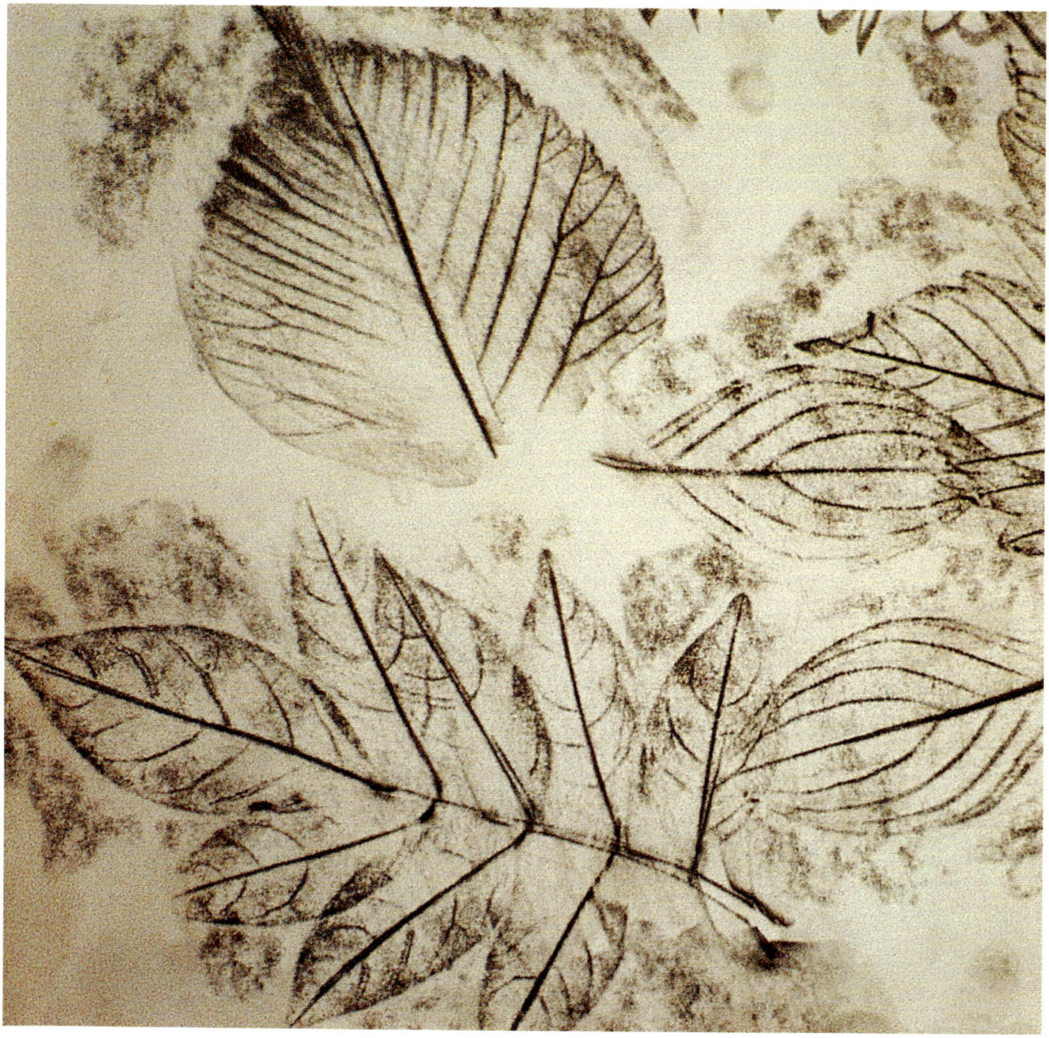

Dreidimensionales Gestalten

Dreidimensionales Gestalten

106	Pappmaché	Marielle Huber
108	Herstellen von Plastilin	Brigitte Hofstetter
110	Salzteig	Silvia Biener
112	Wachsgießen	Silvia Biener
114	Sägemehlteig	Svetlana Delač
116	Arbeiten mit Ton	Marielle Huber
120	Arbeiten mit Gipsbinden	Veronika Siegert
122	Styropor	Marielle Huber
124	Gestalten mit Schachteln	Gudrun Hörner/ Marie-Louise Siebert
126	Gestalten mit Wegwerfsachen	Barbara Wolffhardt
128	Gestalten mit Abfallholz	Marie-Louise Siebert
130	Maschendraht	Marielle Huber
132	Papierstreifen	Rudolf Seitz
134	Ytongsteine	Eva Wolski

Kasperls Kunst

Pappmaché ist ein preisgünstiges Material, aus dem sich die unterschiedlichsten Dinge formen lassen.

Material

Zeitungspapier	Toilettenpapier
Eierkartons	Wasserfarben
Seidenpapier oder dünnes	Klarlack

Pappmaché herstellen

Um Pappmaché herzustellen, braucht man einen Stapel Zeitungen oder Eierkartons. Diese werden in kleine Stücke zerrissen und mit heißem Wasser übergossen, so daß das Papier gut durchweicht. Diese Masse läßt man 2 bis 3 Tage quellen und gibt dann so viel zähflüssigen Tapetenkleister hinzu, bis eine knetbare Masse entsteht. Aus dieser Masse können kleine, plastische Figuren geformt werden.

Kasperltheater

Für ein Theaterstück können Kinder die Handpuppenköpfe auch selbst machen. Aus Karton wird eine Rolle gewickelt und geklebt. Dies ist später das Fingerloch zum Führen der Handpuppe. Um diese Papprolle wird ein Klumpen Pappmaché geknetet und eine Ei- oder Kugelform modelliert. Wenn man das Pappmaché eindrückt oder neues dazuknetet, erhält man markante Gesichtszüge, wie zum Beispiel die charakteristische Nase vom Kasperl.
Man muß darauf achten, daß die Papiermasse mit den Fingern geglättet wird, sonst ist die Oberfläche nach dem Trocknen zu rauh. Die Pappmaché-Köpfe sollten langsam trocknen. Anschließend kann man sie noch mit Seiden- oder Toilettenpapier überkleistern. Dadurch wir die Oberfläche ziemlich glatt.
Die fertigen Köpfe werden mit Wasserfarben bemalt, und wenn man sie noch mit Klarlack behandelt, sind sie widerstandsfähiger und die Farben leuchten intensiver.

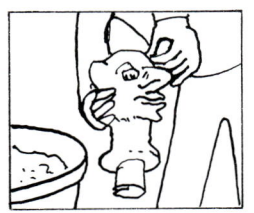

Von links nach rechts:

Zeitungspapier einweichen

Tapetenkleister unterrühren

Mit Pappmaché Figuren formen

Pappmaché

Marielle Huber

Große Figuren

Will man größere Figuren aus Pappmaché formen, ist es besser, man knetet Rumpf, Kopf, Beine und Arme einzeln, läßt sie trocknen und verbindet diese Einzelteile mit Tesakrepp. Dann wird die ganze Figur mit eingekleistertem Papier kaschiert. Dabei werden Nase, Ohren, Augen geformt.

Das Schweinchenhochzeitspaar ist nach dieser Methode entstanden. Der prächtige Zylinder des Bräutigams war vorher ein Joghurtbecher. Der schöne Spitzenschleier der Braut ist aus einem Gardinenrest genäht.

Themen:

Tiere, Früchte, Puppenköpfe
Schüsseln, Figuren

Knete selbst gemacht

Plastilin ist eine Knetmasse, die es in vielen leuchtend bunten Farben zu kaufen gibt. Weil Plastilin sehr weich ist, können auch die kleineren Kinder gut damit umgehen. Diese Knetmasse kann man leicht selbst herstellen.

Material

Für ca. 1000 g Knetmasse braucht man:
400 g Mehl
200 g Salz
2 Eßlöffel Alaunpulver (ca. 11 g, aus der Apotheke)
1/2 Liter kochendes Wasser
3 Eßlöffel Öl
1 Eßlöffel Lebensmittelfarbe
(aus der Drogerie)

Das Plastilinrezept

In einer großen Schüssel wird Mehl, Salz und Alaunpulver vermischt. Das Wasser wird erhitzt und in das kochende Wasser das Öl und die Lebensmittelfarben gerührt. Den so entstandenen Sud rührt man langsam in das Gemisch aus Mehl, Salz und Alaun. Nun muß man so lange weiterrühren, bis der Knetteig lauwarm geworden ist, dann kann man die Masse mit den Händen weiterkneten. Ist die Knetmasse zu trocken, kann man noch etwas Öl dazugeben.
In einer Plastiktüte aufbewahrt, hält die Knete sehr lange; ist sie einmal hart geworden, ist sie unbrauchbar.

Formen und Figuren

Aus der bunten Modelliermasse lassen sich hübsche Kugeln für eine Kette formen. Man kann auch versuchen, verschiedenfarbige Knetmasse miteinander zu vermischen. Die so geformten Perlen zeigen sehr schöne Marmorierungen.
Eine weitere Möglichkeit ist das Formen von Miniaturobst und -gemüse für die Puppenküche. Auch Puppengeschirr und kleine Figuren lassen sich aus dem Plastilin leicht herstellen.

Themen:

Obst und Gemüse, Puppengeschirr, Perlenketten, Reliefs, Tiere, Figuren

Öl und Lebensmittelfarbe in kochendes Wasser geben

Herstellen von Plastilin

Brigitte Hofstetter

Mehl, Salz und Alaunpulver dazu anrühren und **einen Teig kneten. Aufbewahren in Plastiktüten.**

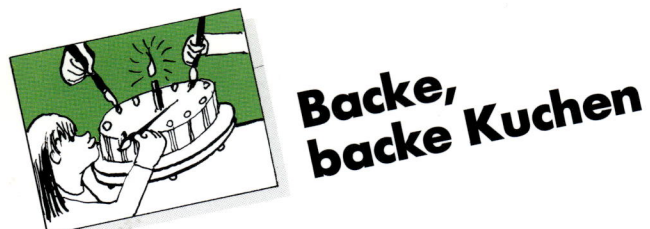

Backe, backe Kuchen

Salzteig ist ein Knetmaterial, das preiswert ist und das jeder leicht herstellen kann. Viele Figuren und Gegenstände lassen sich daraus formen.

Material

1 Tasse Mehl
1 Tasse Salz
1/2 Tasse Wasser
ein paar Tropfen Öl
Nudelholz

1 altes Messer
Plätzchenformen
Schaschlikspieße
Knoblauchpresse

Salzteig herstellen

Man gibt Mehl, Salz und ein wenig Öl in eine Schüssel und verrührt die Masse gut mit einem Löffel. Das Wasser wird portionsweise hinzugegeben und der Teig mit den Händen gut geknetet. Die Teigmasse darf nicht klebrig sein, aber auch nicht zu brüchig. Je nach Konsistenz gibt man noch Mehl oder Wasser dazu.
Den frischen Teig kann man auch einige Tage im Kühlschrank aufbewahren. Man muß ihn dann in eine Plastikfolie verpacken.

Figuren formen

Salzteig mit dem Nudelholz ausrollen. Mit dem Messer Formen ausschneiden oder mit Plätzchenformen Figuren ausstechen. Teile, die zusammengefügt werden sollen, werden zuerst mit Wasser befeuchtet. Man darf jedoch nicht zu dicke Formen machen, weil diese sich beim Backen aufblähen. Wenn man den Teig durch eine Knoblauchpresse drückt, ergeben die Teigwürstchen Haare, Bart oder ein Grasbüschel.

Salzteig backen

Die fertigen Salzteigfiguren vorsichtig auf ein Backblech legen und bei 100 Grad etwa 1 Stunde backen. Hat der Teig leicht Farbe bekommen, nimmt man das Backblech aus dem Ofen und läßt die Formen abkühlen. Durch langsames Nachtrocknen, zum Beispiel auf der Zentralheizung, werden die Formen hart.

Bunte Figuren

Zum Schluß kann man die Salzteigfiguren mit Wasser- oder Plakafarbe bemalen und anschließend lackieren.

Salzteig

Silvia Biener

Themen:

Christbaumanhänger, Perlen, kleine Figuren, Bilderrahmen

Salzteig ausrollen und Figuren formen

Im Backofen bei 100 Grad backen

Gips-model

Mit Wachs kann man Christbaumschmuck selbst gießen. Es gibt dafür fertige Model zu kaufen. Origineller ist es natürlich, wenn man sich seinen eigenen Model herstellt.

Material

Alabastergips
Käseschachteln
Seife
Tesakrepp
Wasserschüssel

Öl, Pinsel
Gußwachs
zum Färben bunte Wachskreiden
handliche Konservendose zum
Schmelzen von Wachs

Gipsform herstellen

Dazu wird zuerst der Gips angerührt: In eine Plastikschüssel wird etwas kaltes Wasser gegeben. Dann schüttet man so lange Gips hinzu, bis sich kleine Gipshäufchen auf dem Wasser bilden. Nun wird die Masse mit den Händen verrührt, bis keine Klumpen mehr vorhanden sind. Der flüssige Gips wird etwa 2 cm hoch in eine Käseschachtel gegossen, deren Innenseite vorher mit Seife eingerieben wurde. Der Rand wird mit Tesakrepp verstärkt.

Model formen

Es dauert nicht lange, bis der Gips fest wird und man die getrocknete Gipsplatte aus der Schachtel lösen kann. Mit einem alten Küchenmesser oder Linolschneider kratzt man das Motiv ein. Ist man mit dem Ergebnis zufrieden, wird die Gipsplatte dünn mit Öl ausgepinselt und wieder in die Käseschachtel gelegt.

Wachsformen gießen

Das Gußwachs wird im Wasserbad erhitzt, bis es flüssig ist. Will man das Stearin färben, läßt man einfach eine bunte Wachskreide mitschmelzen. Dann wird das heiße Wachs vorsichtig in den Model gegossen. Nach dem Erstarren läßt sich das Wachsrelief leicht vom Gipsmodel lösen. Die Ränder werden mit einem Messer gesäubert. Um Aufhänger anzubringen, erhitzt man einen Nagel über einen Kerzenflamme und schmilzt damit ein Loch in das Wachsbild.

Themen:

weihnachtliche Motive, Selbstbildnisse, selbstentworfenes Wappen

Wachsgießen

Silvia Biener

Gips in Wasser anrühren

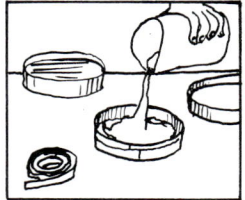
Gipsbrei in Kartondeckel gießen

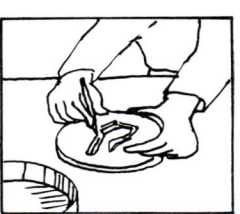
In festen Gips Figuren einritzen

Wachs im Wasserbad schmelzen

Flüssiges Wachs in den Model gießen

Das besondere Rezept

Von Schreinereien bekommt man jederzeit Sägemehl. Wenn man dieses mit Kleister vermischt, kann man damit die schönsten Formen modellieren.

Material

Sägemehl	Holzleim (Ponal)
Kleister	Plastikschüssel

Das Rezept

Das Sägemehl wird in einer großen Schüssel mit dem dick angerührten Tapetenkleister vermischt. Zu der zähen Masse gibt man noch etwas Holzleim, damit die Masse nach dem Trocknen nicht auseinanderbröckelt.

Malen

Will man farbigen Sägemehlteig haben, werden Farbpigmente mit beigemengt. Oder man bemalt die fertigen Stücke nach dem Trocknen mit Wasserfarben. Die Sachen werden haltbarer, wenn sie am Schluß mit Klarlack überzogen werden.

Figuren formen

Der angemachte Sägemehlteig läßt sich sehr gut zu kleinen Schüsseln, Tieren oder Perlen für eine Kette verarbeiten.

Themen:

Puppengeschirr
Reliefs
Spielsachen (Kugeln)
Perlen
lustige Tiere

Sägemehl, Kleister und Holzleim miteinander vermengen

Sägemehlteig

Svetlana Delač

115

Kleine Töpferkunst

Kleine und große Kinder haben einen Riesenspaß, etwas aus Ton zu formen. Man verwendet am besten Ziegeleiton, er ist besonders billig, oder einfachen Aufbauton.

Material

Ziegeleiton oder schamottierten Aufbauton
Hartfaserplatte oder Plastikfolie
Nudelholz
ein altes Küchenmesser
Teigschaber
verschiedene Profilholzleisten

ein alter Löffel
Schwamm zum Säubern des Arbeitsplatzes
dünne Plastikfolie, um die noch nicht fertigen Arbeiten einzuwickeln, damit der Ton feucht bleibt

Vorbereitung

Als Arbeitsunterlage nimmt man eine Plastikfolie oder eine Hartfaserplatte.

Werkzeug

Das wichtigste Werkzeug sind die Hände! Mit dem Teigschaber kann man festklebenden Ton von der Unterlage leicht abkratzen. Mit verschiedenen Profilhölzern lassen sich hübsche Muster in den weichen Ton eindrücken.

Ton schlagen

Bevor man anfängt zu modellieren, muß der Tonklumpen gut durchgeknetet und »geschlagen« werden, das heißt man wirft ihn mit kräftigem Schwung auf den Tisch. Das macht man, damit die Tonmasse geschmeidig wird und die Luftblasen herausgeschlagen werden. Die Luftblasen würden unser Werkstück beim Brennen platzen lassen. Durch dieses Bearbeiten des Materials lernen die Kinder die Eigenschaften des Tons gut kennen. Sie erfahren, daß Ton weich ist und sich in jede Form kneten, drücken oder schlagen läßt.

Ton schlagen und kneten

Arbeiten mit Ton

Marielle Huber

Perlen

Kleine Tonkugeln werden auf der Tischplatte gerollt, mit einem Zahnstocher wird ein Loch durchgestoßen. Nach dem Trocknen und Brennen kann man die Kugeln hübsch bemalen und zu einer Kette auffädeln.

Daumenschälchen

Aus einer größeren Kugel, die mit beiden Händen geformt wird, kann man kleine Gefäße modellieren. Mit dem Finger wird ein Loch in den Tonballen gedrückt. Man darf den Finger aber nicht ganz durchdrücken. Nun formt man vorsichtig das Loch weiter aus, so daß das Schüsselchen größer wird.

Tonplatten

Man formt zuerst eine Tonkugel und klopft sie mit der Hand flach. Die Tonplatte sollte etwa 1 bis 2 cm dick sein.
Aus diesen Tonplatten lassen sich nun Reliefs, Kacheln, Namensschilder gestalten.
Auf die weiche Tonplatte kann man Tonstücke und ausgerollte Tonwürste aufsetzen, etwas einritzen oder eindrücken.
Hände, Füße, Finger hinterlassen Spuren. Mit verschiedenen Profilhölzern kann man schöne Verzierungen in die Kacheln drücken.
Viel Spaß macht es, auf die Tonplatten Gesichter zu modellieren. Durch Drücken, Aufsetzen oder Aushöhlen des Tons entstehen originelle Masken. Mit einem Nudelholz kann man Ton wie Plätzchenteig ausrollen und mit Plätzchenformen ausstechen. Nach dem Trocknen und Brennen können diese Formen bemalt werden.

Perlen oder kleine Schälchen formen

Tonkugeln werden platt gedrückt

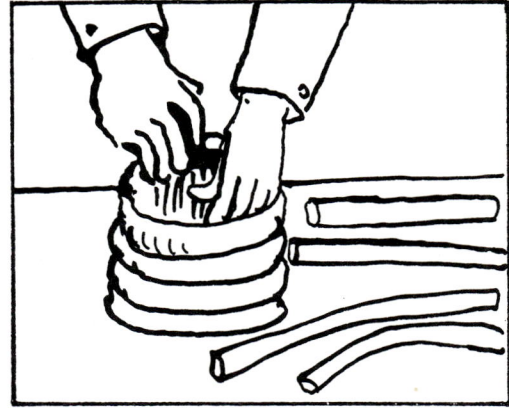

Tonwürste aufeinanderlegen und glattstreichen

Arbeiten mit Ton
(Fortsetzung von Seite 117)

Tonwürste

Mit der Hand wird eine Tonkugel flachgedrückt, bis eine runde, ca. 1 cm dicke Form entsteht. Dies ist der Gefäßboden. Aus weichem Ton rollt man Tonwürste aus, die etwa fingerdick sein sollen. Mit einer Tonwurst wird auf dem Gefäßboden ein Ring gelegt. Man drückt die Wurst leicht fest und verstreicht Innen- und Außenfläche mit den Fingern.

Mit weiteren Tonwürsten wird das Gefäß weiter aufgebaut. Durch Aufsetzen von kürzeren Tonwürsten verengt sich das Gefäß, nimmt man längere Stücke, wird der Durchmesser größer. Mit einiger Übung kann man mit dieser Technik Schüsseln, Vasen, Krüge usw. selbst herstellen.

Modellieren

Aus einem Tonklumpen lassen sich originelle kleine Figuren und Tiere formen. Werden Teile angesetzt, muß man sie sehr gut verstreichen, damit sie später nicht abbrechen. Dabei ist zu beachten, daß abstehende Teile nicht aus dünnen Würstchen geformt werden sollten.

Trocknen der Werkstücke

Bevor die Tonarbeiten gebrannt werden, müssen sie sorgfältig trocknen. Das ist wichtig, denn ein nicht ganz trockenes Stück platzt beim Brennen. Am besten stellt man die Töpferwaren auf eine Preßspanplatte in einen kühlen Raum und läßt sie langsam und gleichmäßig trocknen. Sobald der Ton hart geworden ist, kann man das Trocknen beschleunigen, indem man die Sachen an einen warmen Platz stellt. Es dauert etwa eine Woche, bis sie trocken sind. Auf jeden Fall sollte man die Geduld aufbringen und ein paar Tage warten, als noch nicht ganz trockene Stücke zu brennen.

Brennen

Zum Brennen der Töpferwaren braucht man einen Brennofen. Der erste Brand ist der sogenannte Schrühbrand (ca. 900 Grad Celsius), danach wird die Glasur aufgetragen und das Werkstück ein zweites Mal gebrannt (Glasurbrand, ca. 1000 Grad Celsius). Hat man keinen Ofen, gibt es die Möglichkeit, in einer Ziegelei oder Töpferei mitbrennen zu lassen. Auch viele Schulen und Volkshochschulen besitzen einen eigenen Brennofen.

Arbeiten mit Ton

Marielle Huber

Maskenfest

Kindern macht es einen Riesenspaß, wenn sie sich Masken aus Gipsbinden herstellen dürfen. Sie haben dann ihr eigenes Konterfei als Gesichtsmaske.

Material

Gipsbinden 6–10 cm breit (aus der Apotheke)
Vaseline oder einfache Hautcreme
Schere
Schüssel mit warmem Wasser
Kopftuch oder Stirnband

Papiertaschentücher
Stoff- und Wollreste
Federn
Eierkartons
farbige Papierreste
Wasserfarben

Vorbereitung

Bevor wir mit dem Anlegen der Maske beginnen, werden die Kleider mit einem Malkittel geschützt und die Haare mit einem Tuch oder Stirnband fest aus dem Gesicht gebunden. Dann wird das Gesicht gut mit Creme eingefettet. Man nimmt dazu Vaseline oder noch besser Nivea-Creme, dann hat man gleich ein weißes Clowngesicht. Es ist gut, wenn die Kinder einen kleinen Spiegel vor sich auf den Tisch stellen. Sie können dann ganz genau beobachten, was passiert, und ein lustiges Grimassenschneiden beginnt.

Beim Anlegen der Maske darf man allerdings keine Miene mehr verziehen, denn sonst gerät die Maske aus der Form! Die Augenbrauen und der Haaransatz werden am besten noch mit zugeschnittenen schmalen Streifen Papiertaschentüchern abgedeckt, damit später kein Härchen klebenbleibt.

Masken herstellen

Nun werden die Gipsbinden in etwa 2 cm breite Streifen geschnitten, für einen kurzen Augenblick in warmes Wasser getaucht, auf das Gesicht geklebt und mit den Fingern glattgestrichen. Augen, Mund und Nasenlöcher werden ausgespart. Die Gipsstreifen werden in mehreren Lagen übereinandergeklebt und gut mit den feuchten Fingern verstrichen. Die Maske ist nach etwa 20–30 Minuten angetrocknet. Dann wird sie vorsichtig vom Gesicht genommen. Am leichtesten löst sie sich, wenn man darunter »Grimassen macht« und an den Rändern mit den Fingern etwas nachhilft.

Mit der Schere werden die Ränder begradigt und mit neuen Gipsstreifen verstärkt. Zum Befestigen wird auf beiden Seiten ein kleines Loch gebohrt und ein Stück Hutgummi durchgezogen und verknotet.

Arbeiten mit Gipsbinden

Veronika Siegert

Malen

Die Bleichgesichter-Masken können mit Wasser- oder Plastikfarbe bemalt werden. Man kann auch Verzierungen mit eingipsen, wie zum Beispiel Federn, einen Vogelschnabel oder eine lange Nase aus Karton, eine Brille oder dicke Augenbrauen aus zurechtgeschnittenen Eierkartons, einen Bart aus Fell oder Schnüren.

Gipsfiguren

Eine weitere Möglichkeit ist, Hände oder Füße einzugipsen. Eingegipste Finger können zu lustigen, kleinen Fingerpüppchen werden. Ist der Gips getrocknet, werden sie vom Finger abgezogen, bunt bemalt und mit Haaren und Kleidern aus Stoff- und Wollresten ausgestattet. Auf diese einfache Art erhält man Figuren für ein Kasperltheater.

Gesicht gut eincremen
Gipsbinden auflegen, sie trocknen schnell

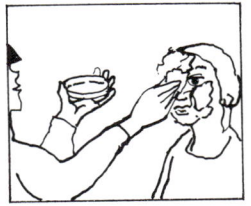
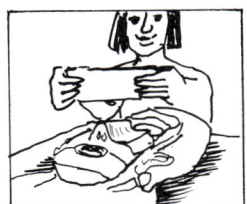

Feder-leichte Kunst

Styropor ist ein federleichter Kunststoff, den es als Verpackungsmaterial umsonst gibt. Diese Styroporabfälle weisen oft interessante Formen auf, die man mit Wasserfarben bemalen und zu einem kleinen Kunstwerk zusammenkleben kann.

Material

verschiedenes Verpackungsmaterial	Uhu
Styroporsäge	Nitroverdünnung
Raspeln	wasserlösliche Druckfarbe
Feilen	Styroporkleber

Kleben

Als Klebstoff muß man einen Spezialkleber verwenden, normaler Papierkleber löst Styropor nämlich auf.

Reliefs ätzen

Allerdings kann man auf diese Art auch interessante Reliefs ätzen. Uhu, Tetrachlor oder Nitroverdünnung »fressen« Styropor auf und hinterlassen Rillen, Furchen und Löcher in den Styroporplatten.
Aber Vorsicht, es muß dabei in einem gut gelüfteten Raum gearbeitet werden.

Mit Verpackungsmaterial bauen

Sägen

Besonders beliebt ist bei Kindern das Arbeiten mit der extra dafür entwickelten Styroporsäge. Damit läßt sich Styropor ganz leicht durchschneiden. Die ausgesägten Formen kann man anmalen und zu einem Bild aufkleben oder abdrucken.

Styroporsägen kann jeder bedienen ▶

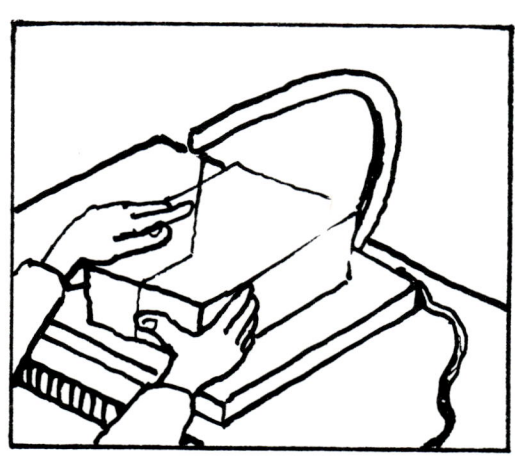

Styropor

Marielle Huber

Bekleben

Kugeln aus Styropor gibt es in verschiedenen Größen zu kaufen. Durch Bekleben mit bunten Papieren oder Flitter kann man originelle Weihnachtskugeln selbst herstellen.

Plastiken

Styropor läßt sich auch leicht feilen und raspeln. Um Plastiken herzustellen, muß man mehrere Platten zusammenkleben, damit man einen Styroporblock erhält, aus dem man die Figur herausarbeitet. Mit einem Bleistift skizziert man die Flächen, die weggeraspelt werden müssen. Anschließend kann die Plastik noch mit einem Gipsbrei überzogen werden. Nach dem Trocknen läßt sich die Gipsschicht gut mit Wasserfarben bemalen.

Themen:

Tastbilder
Setzkästen aus Verpackungen
Formen mit der Styroporsäge ausschneiden
Styroporplastiken raspeln und feilen
Flitterkugeln

Alles aus Pappe

In jedem Haushalt fallen täglich Verpackungsmaterialien aus Papier an. Diese Schachteln und Rollen sind für Kinder eine Fundgrube zum plastischen Gestalten und Basteln. Trägt man all diese Schätze zusammen, dann kommen einem sehr viele Ideen, was daraus werden könnte.

Material

Schachteln und Rollen in allen Größen	Klebeband
Klebstoff	Musterklammern
	Wasserfarben

Ein Haus

In eine große Pappschachtel werden Fenster und Türen eingeschnitten, und schon hat man ein Haus, in das man sich verkriechen kann. Mit Wasserfarben bemalt, erhält das Haus noch eine schöne Fassade.

Bewegliche Figuren

Mit Musterklammern kann man Schachteln beweglich verbinden. Das Pappkrokodil kann das Maul weit aufreißen, oder es entstehen fantastische Maschinen oder ein Roboter.

Totempfahl

Aus einer langen, schmalen Pappschachtel oder einer großen Papphöhre kann man zum Beispiel einen Indianer-Totempfahl bauen. Es können auch mehrere Schachteln mit Tesaband zusammengeklebt werden. Diese Säule wird in den Stammesfarben bemalt und mit geheimnisvollen Zeichen versehen.

Ein Kartonhaus mit Tür und Fenster

Ein Roboter mit beweglichen Armen ▶

Gestalten mit Schachteln

Gudrun Hörner, Maria-Louise Siebert

Themen:
Traumauto, lustige Möbel, Tiere
Raumschiff

Lauter Krimskrams

Es lohnt sich, Materialien und Verpackungen, die man sonst wegwerfen würde, in einem großen Karton zu sammeln. So entsteht eine »Schatzkiste«, aus deren Inhalt tolle Fantasiefiguren werden können.

Material

Verpackungsmaterialien	Schere
Joghurtbecher	Klebstoff
Eierkartons	Nadel
Wegwerfsachen wie Rädchen von	Faden
kaputten Autos, Korken, Federn…	Farben

Figuren basteln

Am besten breitet man diese Schätze einmal vor sich aus, dann weiß man schnell, was für ein Tier oder eine Figur man machen will. Der Körper könnte aus einer großen Schachtel, der Kopf aus einer kleineren sein. Pappröhren, Joghurtbecher dienen als Arme oder Beine. Teile von Eierkartons werden zu vorstehenden Augen oder Hörnern. Alle diese Teile kann man mit breitem Tesakrepp zusammenkleben, mit Wasserfarben bemalen und mit Stoff-, Leder- und Wollresten verzieren.

Handpuppen

Aus zwei Joghurtbechern lassen sich auf ganz einfache Art lustige Handpuppen herstellen. Die Joghurtbecher werden an den beiden Bodenflächen aneinandergeklebt. Der obere Becher ist der Kopf. In die Öffnung des unteren Bechers können die Kinder mit der Hand hineinfassen. Kleider, Hosen, Hüte usw. werden einfach aufgeklebt. Man kann dazu Stoffe, Papier, Leder, Pelz, Wolle, Bast, Knöpfe usw. verwenden. So entstehen drollige Handpuppen.

Ein Fantasietier aus Krimskrams

Themen:

Tiere, Handpuppen, Waldschrat, Hexe

Gestalten mit Wegwerfsachen

Barbara Wolffhardt

Hölzerne Kunst

Woher bekommt man Holzreste? Das ist kein Problem! In jeder Schreinerei fällt Abfallholz in verschiedenen Längen, Größen oder Formen an. Oft kann man schon beim Einsammeln mit ein bißchen Fantasie erkennen, was einmal daraus werden könnte. Auch der Waldboden ist eine wahre Fundgrube an schön geformten Ästen, Wurzeln und Rinden.

Holz ist ein lebendiges und warmes Spiel- und Gestaltungsmaterial. Schaut man Holz genauer an, entdeckt man verschiedene Farben, Gelb-, Rot-, Braun-, Grauabstufungen, Muster und Strukturen. Holz kann sich ganz verschieden anfühlen, und auch für die Nase ist es ein Erlebnis. Besonders frisches Holz riecht noch stark nach Harz. Holz ist ein beliebtes Werkmaterial für Kinder aller Altersstufen. Um damit zu arbeiten, braucht man einen stabilen alten Tisch, Holzleim, Hammer und Nägel.

Material

Holzabfälle vom Schreiner oder vom Waldboden
stabiler alter Tisch
Holzleim
Nägel
Hammer
Holzbeize oder Wasserfarben

Leimen

Aus Abfallhölzern lassen sich zum Beispiel lustige Köpfe machen. Auf ein quadratisches oder rechteckiges Brett werden Abfallstücke geleimt. Astholzscheiben blicken als Augen entgegen, die Nase ist aus einer Holzlatte, der Mund aus einem Sperrholzrest und die Ohren sind aus Holzleistenabfällen. Haare und Bart kann man aus Baumrinden oder Holzspänen machen.

Nageln

Mit Hilfe von vielen Nägeln kann man eine lustige Igelfrisur oder einen Stoppelbart hämmern. Aus einem schön geformten Holzblock, in den Nägel eingeschlagen werden, entsteht ein stacheliges Tier.

Holz färben

Will man Holz einfärben, geht dies am besten mit Holzbeize. Holzbeize gibt es in pulverisierter Form in kleinen Tütchen zu kaufen. Dieses Pulver wird nach Anleitung mit Wasser vermischt und hält sich, in Schraubgläsern aufbewahrt, jahrelang. Aber auch mit Wasser- oder Plakafarben kann man Holz bemalen und anschließend mit Klarlack behandeln.

Gestalten mit Abfallholz

Marie-Louise Siebert

Naturholz

Holz ist aber auch ohne jede Behandlung schön. Betastet man es mit geschlossenen Augen, fühlt man mehr, als man sehen kann. Holz kann rissig, glatt, weich, poliert, rauh, faserig, warm, spröde… sein. Eine schöne Gemeinschaftsarbeit ist, mit den Kindern aus vielen verschiedenen Hölzern eine große Tastwand zu gestalten. Man braucht dazu eine Hartfaser- oder Sperrholzplatte, auf die die Holzteile mit Ponal geklebt werden.

Themen:

Tastbilder, Stacheltiere, lustige Holzköpfe

Die Holzteile kann man zusammenleimen oder aufnageln ▶

Ein stacheliges Igeltier mit vielen Nägeln ▶▶

Loch an Loch

Aus Maschendraht können die Kinder fantasievolle Tiere, Masken und Riesenpuppen bauen.

Maschendraht gibt es meterweise von der Rolle in Eisenwarenhandlungen zu kaufen. Er läßt sich leicht in die gewünschte Form biegen, und durch Zusammenrollen entstehen verschiedene Hohlkörper. Mit einem Seitenschneider lassen sich passende Stücke abschneiden. Aber Vorsicht, die Drahtenden sind scharf! Damit sich kleine Kinder nicht verletzen, umwickelt man die scharfen Drahtenden mit breitem Tesakrepp.

Material

Maschendraht	Buntpapierreste
Zeitungspapier	Stoff-, Wollreste
Makulaturpapier	Tesakrepp
Tapetenkleister	Seitenschneider
Plakafarben	

Masken formen

Will man eine Maske anfertigen, biegt man aus einem rechteckigen Stück Maschendraht einen Zylinder. Dann wird der Zylinder an den Schnittkanten mit Schnur zusammengebunden und mit Tesakrepp verklebt. Die obere Öffnung wird durch Zusammendrücken geschlossen. Nun kann man den Zylinder über den Kopf stülpen. Er muß so groß sein, daß er auf den Schultern aufsitzt und der Kopf nach allen Seiten gedreht werden kann, ohne daß man mit der Nase anstößt.

Das Gesicht

Aus den Maschendrahtresten kann man Nasen, Ohren, Hörner usw. zurechtbiegen und an dem Zylinder festbinden. Mit dem Seitenschneider werden Löcher für die Augen eingeschnitten. Nun kann die Maske mit eingekleisterten Zeitungspapierstreifen beklebt werden.

Maske bekleben

Der Tapetenkleister wird am Abend vorher dickflüssig angerührt, damit er ordentlich quellen kann. Die Kinder reißen Zeitungspapier in etwa 10 cm breite Streifen, streichen Tapetenkleister darauf und bekleben die Drahtmaske damit. Dabei können Eierkartonecken, Klorollen, Styroporreste usw. mit eingearbeitet werden.

Maschendraht

Marielle Huber

Verzieren und Bemalen

Hat man die Maske mit Zeitungspapier gut beklebt, schließt man mit einer weißen Makulaturpapierschicht ab. Falls man kein Makulaturpapier hat, müssen die getrockneten Masken vor dem Bemalen mit weißer Dispersionsfarbe grundiert werden. Das Trocknen dauert einige Tage, und dann werden die Masken mit Plakafarbe, Buntpapier, Woll- und Stoffresten verziert.

Themen:

Tiere, lebensgroße Figuren

Maschendraht zu einer Figur biegen (links oben)

Mit eingekleistertem Papier umwickeln (rechts oben)

Nach dem Trocknen bunt anmalen (links unten)

Ganz schön stabil

In den Buchdruckereien und beim Buchbinder fallen häufig Papierstreifen ab. Das ist dann eine Herausforderung an die Fantasie. Was läßt sich alles daraus bauen!

Kinder brauchen meist gar keine großen Anregungen, nur das Material.
Schon entstehen die tollsten Architekturen, Maschinen, Geräte, Murmelbahnen.

Material

| Streifen aus festem Papier | Büroklammern |
| Klebstoff | Schere |

Stabilität

In manchen Fällen ist es sinnvoll zu zeigen, wie die Streifen viel stabiler werden, wenn man sie der Länge nach faltet. Abbildungen von Hochspannungsmasten und alten Eisenbahnbrücken oder Türmen, zum Beispiel der Eiffelturm, sind dann Anregung genug, um selbst so ein Bauwerk zusammenzukleben.

Kleben

Die Klebestellen können zusätzlich fixiert werden, wenn man sie mit Büroklammern aneinandergedrückt, bis der Klebstoff getrocknet ist.

Themen:

Ein hoher Turm
Brücken
ein verrücktes Fahrzeug
Murmelbahn

Papierstreifen der Länge nach falten

So können stabile Bauwerke entstehen

Papierstreifen

Rudolf Seitz

Weiche Steine

Ytongbausteine bekommt man in Baustoffgeschäften. Sie haben trotz ihrer Größe ein geringes Gewicht und sind mit stumpfen Werkzeugen leicht zu bearbeiten.

Material

Ytongsteine	Raspel
Hammer	Löffel
Meißel	altes, stumpfes Messer
Feile	

Werkzeug

Ytongsteine kann man gut mit dem Fuchsschwanz zersägen und mit geringem Kraftaufwand durch Schaben mit Messern, Stemmeisen, Schraubenzieher und Raspeln bearbeiten.
Da es dabei viel Schmutz und Staub gibt, arbeitet man am besten im Freien.

Figuren

Ein Ytongbaustein kann in einen originellen Kopf verwandelt werden. Mit dem Werkzeug werden Nase, Augen, Ohren, Lippen, Kinn, Backen herausgearbeitet.

Volkskunst

Es ist recht spannend, mit den Kindern vorher afrikanische Holzplastiken zu betrachten. Das kann zu eigenen Gestaltungsversuchen anregen.

Themen:

Köpfe, Figuren
Tiere, Häuser

Ytong mit einem Fuchsschwanz durchsägen

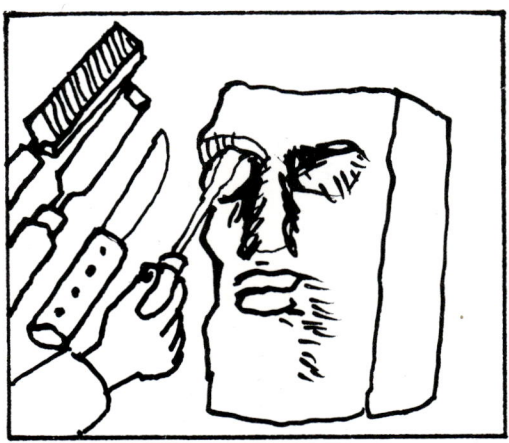

Mit verschiedenen Werkzeugen bearbeiten

Ytongsteine

Eva Wolski

Weitere Literatur

Farben und Farbenmaterialien
Egger, Bettina: Faszination Malen. Praktisches, Erzieherisches, Anregendes. Gümlingen BE 1980. Zytglogge
Hickethier, Alfred: Ein-mal-eins der Farbe. 1982. Ravensburger Buchverlag, Ravensburg
Itten, Johannes: Kunst der Farbe. 1984. Ravensburger Buchverlag, Ravensburg
Lohf, Sabine: Lila, Rot und Himmelblau. Das Farbenbuch für Kinder. 1990. Ravensburger Buchverlag, Ravensburg
Schön, Hella: Mit Wachsstiften. Zeichnen – malen – kratzen. München 1981. Don Bosco
Schön, Hella: Spritzen mit Farbe. München 1979. Don Bosco

Drucken
Jaxtheimer, Bodo W.: Linolschnitt und -Druck. Stuttgart 1981. Frech
Kubiak-Winkelmann, Margrit: Kleines Linolschnitt-Büchlein. Freiburg 1984. Christophorus

Dreidimensionales Gestalten
Beckmann, Wolfgang: Skulpturen für Garten und Heim aus Ytong-Steinen. Stuttgart 1980. Frech
Kneißler, Irmgard: Origami-Kinderbuch. 1982. Ravensburger Buchverlag, Ravensburg
Löscher, Wolfgang (Hrsg.): Sand und Wasser. Spiele – Geschichten – Reime – Bilder. München 1984. Don Bosco
Mahlke, Wolfgang: Ton als Gestaltungsmaterial für Kindergarten und Schule. Donauwörth 1981. Auer
Müller, Wilhelm M. A.: Elementares Arbeiten mit Ton. München 1976. Don Bosco
Neuhaus, Hans: Werken mit Ton. Material – Technik – Gestaltung. Köln 1978. DuMont
Ruprecht, Hakon: Kreative Keramik. Anregungen für das Aufbauen keramischer Formen in Schule und Freizeit. München 1982. Don Bosco
Stockmaier, Helga: Formen mit Papiermaché. München 1976. Don Bosco
Stöcklin-Maier, Susanne: Naturspielzeug. 1985. Ravensburger Buchverlag, Ravensburg
Stöcklin-Maier, Susanne: Falten und Spielen. 1985. Ravensburger Buchverlag, Ravensburg

Holz
Gloor, Elisabeth: Kinderwerkstatt Holz. 1986. Ravensburger Buchverlag, Ravensburg

Papier
Eid, Klaus/Ruprecht, Hakon: Collage und Collagieren. Anregungen für Schule und Freizeit. München 1985. Don Bosco
Michalski, Ute und Tilman: Werkbuch Papier. 1991. Ravensburger Buchverlag, Ravensburg

Weitere Veröffentlichungen des Herausgebers
Seitz, Rudolf: Kunst in der Kniebeuge. Ästhetische Elementarerziehung. Beispiele – Anregungen – Überlegungen. München 1982. Don Bosco
Seitz, Rudolf: Zeichnen und Malen mit Kindern. Vom Kritzalter bis zum 8. Lebensjahr. München 1983. Don Bosco
Seitz, Rudolf (Hrsg.): Seh-Spiele. Sinn-volle Frühpädagogik. München 1982. Don Bosco
Seitz, Rudolf: Tast-Spiele. Sinn-volle Frühpädagogik. München 1983. Don Bosco
Seitz, Rudolf (Hrsg.): Spiele mit Licht und Schatten. München 1984. Don Bosco
Seitz, Rudolf: Ich mach dich fröhlich. Kinder malen, wie sie helfen können. München 1984. Kösel
Seitz, Rudolf: Ästhetische Elementarbildung. Ein Beitrag zur Kreativitätserziehung. Donauwörth 1984. Auer
Seitz, Rudolf (Hrsg.): Masken, Bau und Spiel. München 1984. Don Bosco
Seitz, Rudolf/Haberlander, Trixi: Schule der Phantasie. 1989. Ravensburger Buchverlag, Ravensburg

F. Seitz